引石琢玉

南京熊猫 AFC 创新发展纪实

薛志兵　韩松　何民胜　著

同济大学出版社
TONGJI UNIVERSITY PRESS

《中国轨道交通 AFC 行业里的追梦者》丛书

主　　编	陈凤敏　杜　潜
统　　筹	郑志涛　邓　艳
编　　委	邓　伟　郭　庆　黄宁宅　曾　浪　王建强
	吴永锋　蔡中兴　罗洪元　杨　波　李道全
	郭晓栋　吴海峰　解永生　胡　军　陆　斌
	韦　强　秦树睿
审　　校	李宇轩

引石琢玉：南京熊猫 AFC 创新发展纪实

薛志兵　韩松　何民胜　著

参编人员	夏德传　王宏金　郭　庆　胡回春　陆　斌
	袁　东　许立新　孙大鹏　周漠灯　莫继业
	严　辉　王小曹　焦科杰　高　申　张　鹏
	吴　飞　于　海　朱　国　鲁　静

总序

陈凤敏
高级工程师,"城市轨道交通自动售检票系统工程质量验收规范"国家标准管理组组长,中国信息产业商会理事,中国信息产业商会自动收费专业委员会名誉理事长

中国信息产业商会自动收费系统专业委员会经过历时两年多(2017年8月—2019年10月)的筹划,终于隆重推出了《中国轨道交通AFC行业里的追梦者》丛书,合计八本,将在两年内陆续出版。序齿列锦:

1. 初创篇:《兰蕙痴情》
2. 方正篇:《方行正远》
3. 熊猫篇:《引石琢玉》
4. 中软篇:《潜心笃志》
5. 普天轨道篇:《前世今生》
6. 大通电气篇:《凝铸精魂》
7. 苏州雷格特篇:《素履向前》
8. 摩沙篇:《明道正心》

遗憾的是,因为时间的关系,还有几本暂不能如愿编入本丛书,希望有后续的机会。

《中国轨道交通AFC行业里的追梦者》丛书涵盖了1988年以来,我国轨道交通AFC行业从无到有、从小到大、从弱到强、从简到新,不断成长、发展、壮大的全过程。这些著作除了本身各有其独立的价值之外,合在一起,堪称我国轨道交通建设和运营中,AFC——这个乘客自助式操作最多、自主化程度最高的弱电专业——全体从业人员不断学习实践的创新发展史。

"盛世修志"是我们中国优秀的文化传统。处在当今这样一个瞬息万变的信息化时代,我们有责任为

后人、为年轻一代留下系统、翔实的 AFC 行业发展史料，从而为现今乃至将来交通行业的建设运营提供借鉴；为关心和热爱 AFC 行业的人士熟悉、了解收费系统及其技术提供帮助；也为更好地服务于广大乘客、加快建设交通强国、实现中华民族伟大复兴的中国梦，作出 AFC 人的一份贡献。

令人备感欣慰的是，可以相信，未来会有更多的有识之士如我们一样，从这套近百万字的丛书中获取有用的信息。

就此机会，谨向付出了艰辛劳动的全体编写人员致以崇高的敬意，向为丛书提供资料的各界人士表示衷心的感谢。

2019 年 12 月 9 日

出版说明

为宣传数十年来我国轨道交通 AFC 行业里众多企业及从业人士在开创和实施 AFC 系统项目过程中刻苦钻研、潜心服务、敢于创新、勇于进取的精神，总结提升我国轨道交通 AFC 系统的专业技术水平和服务保障能力，充分发挥 AFC 系统在轨道交通中的"脸面"作用，推动我国轨道交通事业持续发展，特编辑出版本丛书《中国轨道交通 AFC 行业里的追梦者》。

"一家一传记，一人一故事。"丛书从业主、集成商、设备制造商、模块供应商、设计院及工程施工单位等多个视角，通过丰富的案例和故事，加上一些珍贵的历史资料，讲述了我国轨道交通 AFC 行业三十年来虽历经艰难却不断前行的发展历程。

在当前"一带一路"倡议的大背景下，结合国家轨道交通"十三五"规划，通过此丛书的介绍，可以使业内决策者和具体工作人员更进一步了解和熟悉轨道交通 AFC 系统的作用——AFC 系统也是轨道交通行业里唯一涉及运营收费的专业领域。

《引石琢玉：南京熊猫 AFC 创新发展纪实》是丛书八本分册之一。南京熊猫电子集团从 20 世纪伊始，在国家经济改革浪潮中，"调结构、转方式、惠民生"，为了企业的转型发展，抓住机遇，毅然迈进城市轨道交通 AFC 系统的建设之中。本书详细记述了南京熊猫从引进法国泰雷兹公司 AFC 系统起步，在项目实施过程中不断消化吸收，结合本国国情和业主的要求，产学研结合，不断改造创新，经过近二十年的摸爬滚打、凤凰涅槃，使 AFC 逐步走向本土化和全部系统国产化的历程。

书名"引石琢玉"化用了《诗经·小雅·鹤鸣》中"他山之石，

可以攻玉"的诗句,意指别国的贤才可为本国效力,延伸之,别国的技术也可以为本国使用。南京熊猫正是通过引进法国泰雷兹公司 AFC 系统这块"玉石",再根据本国 AFC 行业的需求,经过众多"工匠"的打磨雕琢,天道酬勤,终于打造出中国化的"美玉"(轨道交通 AFC 系统及相关产品)。

为了写好这本书,我们先后采访了多位南京熊猫 AFC 产业发展的参与者,其中包括集团党政领导者、中层骨干和工程技术人员等,还采访了对南京熊猫 AFC 产业初创及发展起过重要指导作用的陈凤敏老师和南京地铁有关部门的负责人,他们提供了很多具体、生动的素材和故事;同时,还查阅了近二十年来集团产业发展过程中产生的合作协议、竞标书,集团党委和董事会的工作计划及年终总结,产学研项目获奖及知识产权授权的证书和大量的图片及技术图表等。书稿成形后又经反复修改,以及有关部门负责人、工程技术人员的审阅,以确保内容质量,直至最终付梓。

由于我们水平有限,书中难免错误,恳请专家和读者批评指正。

陈凤敏老师对本书的写作给予了莫大的关心和鼓励,邓艳女士为本书的出版工作也倾注了大量心血,在此一并表示感谢。

目录

总序　003
出版说明　005

012
第1章　困境求变：转型进入AFC行业

转型与机遇　012
"熊猫"和"泰雷兹"的合作　016
强强联手，成功中标　021

026
第2章　践行承诺：合力闯过重重难关

万事开头难　026
刻苦攻关　027
跨跃式发展　032
南京地铁1号线开通运营　035

038
第3章　首战告捷：初显品牌价值

国内最为稳定的AFC系统　038
成功进入城市轨道交通产业领域　042

046
第4章　突破模式：创立清分系统

城市交通一卡通模式　046
在AFC系统架构上创新增加ACC层　049
自主知识产权的清分系统　055

第5章 产学研合作：获得多项知识产权 — 062

自主创新线网标准读写器 063
自主创新升级自动售票机 069
加大科研力度，硕果累累 074

第6章 成果实施：核心技术行业领先 — 080

南京地铁2号线项目 080
全产业链的形成 084
独立自主，勤练"内功" 087

第7章 更新换代：做实AFC全套国产化 — 092

第一次独立竞标 092
迎难而上实施国产化 095
重中之重ZLC 104

第8章 走出江苏：中标武汉地铁项目 — 112

打开省外市场 112
同一设备三种用途 115
武汉地铁项目 119

第9章 乘胜出击：一流产品遍布江苏 — 124

无锡和苏州项目 124
做精AFC，发展新领域 128
业务覆盖常州、徐州 138

第 10 章 逐鹿神州：在全国多地开花结果 142

直跨两省，石家庄创造"三个第一" 142

合肥地铁三个项目 146

熊猫系统进入更多城市 149

第 11 章 高新科技：创新产品频出 156

交通部一卡通在南京地铁首次实现互联互通 157

基于银联闪付的 AFC 系统 162

基于云平台票务系统的研究与应用 165

无锡地铁在国内首创全线网二维码支付 166

南京地铁开启无现金支付模式 167

创新系统架构模型 170

探讨下一代无感信用支付在轨道交通中的应用 173

第 12 章 继续拼搏：为 AFC 智能化信息化再创辉煌 176

高清视频监控系统的应用 176

二维码过闸技术标准化 179

构建 AFC 业务云系统 183

研发创立线网指挥中心系统 184

附录一　南京熊猫 AFC 大事记 189

附录二　熊猫信息产业概况 194

附录三　AFC 行业术语和缩略语 210

第1章
困境求变：转型进入 AFC 行业

诚挚的合作氛围，专业化的交流，步步稳扎推进，高效率办事，这一切使"泰雷兹"对"熊猫"的软实力刮目相看。

转型与机遇

20世纪末，中国改革开放正向着更深更广的区域推进。在市场经济的大潮下，快速发展的国企、民企、外企及合资企业，逐鹿九州，强胜弱汰，竞争十分激烈。

熊猫电子集团有限公司始创于1936年，被誉为中国电子工业的"摇篮"，为国防和国家现代化建设作出过卓越贡献。随着经济形势的改变，面对市场竞争激烈局面，为了顺应潮流，冲出困境，开创自己的发展空间，熊猫电子集团毅然决然实施了一系列大刀阔斧的改革，针对自身综合技术特点进行产业大重组，先后组建了通信集团、机电仪集团、家电集团、新产业集团和信息产业集团。可以说，这次重组在"熊猫"发展史上具有里程碑的意义。

熊猫信息产业集团由南京熊猫信息产业有限公司、计算中心、熊猫电脑公司、系统工程公司、培斯计算机公司组成，其中南京熊猫信息产业有限公司（以下简称"熊猫信息"）成立于1998年7月，总经理周振宇，副总经理陈晓海、薛志兵。

重组伊始，熊猫信息主打产业并没有改变，一是组装销售品牌PC机，二是承接弱电工程、做系统集成。然而，由于集团在PC机的组装和销售上投资规模有限，产品缺乏技术特色，在激烈的市场竞争中很快被淘汰出局。至于弱电工程，当时承接的主要是楼宇综合布线、卫星广播电视、监控等系统集成的智能建筑项目，技术要求并不高，而一大批盘小灵活的民营企业和校办企业都蜂拥于这块市场，使得熊猫信息一时间无法发挥自己的技术优势，英雄无用武之地，业绩严重下滑，面临生存危机。

绝境求生，困境思变！

如何生？如何变？

无论是决策层，还是普通职工，都看到集团的雄厚人才积累、精湛技术和品牌优势是求生求变之本。要生要变，就必须充分利用和发挥这种优势，另辟蹊径，寻找可持续发展的支柱产业。

而这时机缘巧合出现了。

机缘是，国家提出"九五"经济改革发展方向，加大资金投入，着力加强城市基础设施建设，将发展城市轨道交通作为重点之一。1999年5月，南京地下铁道建设指挥部（以下简称"南京地铁"）成立，标志着南京地铁建设即将开始。"熊猫"从中看到了希望，看到了出路。

机缘还在于，此时在中国，城市轨道交通的发展正处于初级阶段，只有北京、上海、广州等一线城市建有地铁，而已建的城市地铁中，北京地铁售票系统使用的还是纸质地铁票，广州和上海的自动售检票系统（AFC系统）是国内首批从国外成套引进的，虽很先进，但造价惊人。上海引进的是美国Cubic公司的AFC系统，采用磁卡票传动读写、滚动三杆式闸机，机构复杂，磨损维修率高，给乘客进出和运营管理带来极大的不便。

而此时在国外发达地区，主要城市地铁都采用AFC系统。所谓AFC系统，即"Automatic Fare Collection system"的缩写，译成中文就是自动售检票系统。这一系统是城市轨道交通运营中普遍应用的现代化联网收费系统，是基于计算机网络通信、现金自动识别、微电子计算机、机电设备一体化、嵌入式系统集成和大型数据库管理、自动控制等技术，实现轨道交通售票、检票、计费、收费、统计、清分、管理等全过程的自动化系统。

AFC系统在地铁工程中是关键项目之一。地铁投入运营后，AFC系统直接面对乘客公众，乘车售票直接关系地铁运营的经济效益；设备安装的位置和功能涉及地铁交通的形象和便利服务；在发生突发事件时，系统预设方案实时响应，紧扣公众安全；客流的数据采集和处理，是整个地铁线路管理和运行调度的依据。所以，地铁中的AFC系统既是形象工程，也是"钱袋子"工程。

地铁作为解决城市交通拥堵的民生工程，与公众出行休戚相关，而国内AFC技术落后，依赖进口设备，成为工程建设和运行的"卡脖子"系统。当时，国内已有的AFC系统技术主要来自美国Cubic公司和法国泰雷兹（THALES）公司。为了打破外国企业的技术垄断和受制于人的局面，早在上海地铁工程建设中，以陈凤敏老师等人为代表的老一辈资深专家就曾尝试与上海二十一所共同研究制造AFC系统中的部分产品，以便逐步实现AFC系统国产化，甚至仿制了一个系统，但因种种原因，终未能成功。这不能说是失败，而是一次有益的、大胆的探索，说明国产化的AFC系统仍然在路上。

2001年上半年，陈凤敏老师退休后不久，就被南京地铁邀请去当顾问。她没有忘记自己的初衷和设想，希望能够在南京地铁1号线引进国外先进的非接触式票卡技术的AFC系统，实现国产化，以期未来在行业中推广使用。因此，她积极出谋献策，特别是对引进、消化、吸收、创新提出了很多宝贵的建议。真所谓"老骥伏枥，志在千里"（fig.1-1）。

熊猫信息的领导和有关科研技术人员都知道，集团此前从未涉足AFC系统领域，论资历是个十足的"门外汉"，但在研究了国内外已建地铁的相关资料和信息后，结合国内改革开放、经济发展交通必须先行的建设形势，决定向这个产业发起冲击，便主动向南京地铁请缨，希望能有为南京本地地铁弱电系统方面建设提供服务的机会。

南京地铁和陈凤敏顾问都知道熊猫集团的人才、技术和制造实力，也希望南京本地的品牌公司能参与这个项目，为AFC系统的部分产品国产化作出努力和贡献。

*fig.*1-1 2002年4月陈凤敏老师参加 *Cubic* 技术交流会

"熊猫"和"泰雷兹"的合作

2001年10月,南京地铁发布弱电工程招标公示,明确要求有意参加竞标的中国公司,必须与一家在AFC行业有丰富经验的外资公司组成联合体参与竞标。

巧合的是,此时以AFC系统闻名于世的世界500强企业法国泰雷兹公司(以下简称"法国泰雷兹")得到南京将要建设地铁的信息后,被中国巨大的市场所吸引,四处寻觅合作伙伴,在弱电工程招标公示公布后,立即派他们公司的驻沪代表姚春玲女士到熊猫信息,洽谈合作竞标事宜。

法国泰雷兹之所以要与熊猫信息合作,一是招标公示有明确组成联合体竞标的要求,其目的是解决系统投入运行之后本地化实时服务的问题;二是因为南京地铁和陈凤敏老师都寄厚望于"熊猫"和"泰雷兹"的合作;三是法国泰雷兹看重"熊猫"在国内制造技术上的优势和良好的品牌影响,借此提高"泰雷兹"品牌在中国的知名度、打开中国市场可起到事半功倍的效果;四是法国泰雷兹还可以凭借"熊猫"的综合机电设备加工能力以及丰富的计算机网络和软件开发经验,把制造设备的任务交给"熊猫",以大幅降低成本、提高利润;系统投入运营之后,"熊猫"还可在本地提供实时设备维修、系统维护服务。

而对熊猫信息来说,要想中标,要想进入AFC产业,也需要与法国泰雷兹联合。希望通过合作,进入城市轨道交通领域,在引进新技术、学习外国企业先进管理经验的同时,培养自己的科研和管理团队,创新发展形成自主知识产权的国产化AFC系统,并使之成为"熊猫"的支柱产业。

时任熊猫信息副总经理薛志兵与姚春玲女士商谈，气氛融洽，很快就达成了联合竞标的意向。之后，双方向各自的高层作了汇报，均获得同意。

熊猫集团决心要将轨道交通 AFC 系统作为集团战略新型产业发展方向，通过不间断的投入，深化产业结构调整，乘势而上，闯出一条转型升级之路。考虑到地铁工程在社会上影响较大，南京地铁 1 号线工程的 AFC 项目是集团机构调整后首个大项目，不仅涉及信息网络技术，还需引进国外先进的机电一体化设备制造技术，属智能型高新技术产业，必须重点扶持。

为了更好地与南京地铁及法国泰雷兹进行交涉和洽谈，集团高层领导决定以"熊猫电子集团"的名义设立地铁项目办公室，办公地点设在信息产业集团。办公室由集团总工朱立锋直接领导，协调熊猫集团内部与南京地铁项目有关的事项；薛志兵任熊猫南京地铁项目办公室主任兼总工程师，负责地铁项目推进和对外联络事宜。AFC 系统的工程安装、关键设备的电路控制和软件部分由熊猫信息的袁东和陆斌负责；钣金加工和设备装配则分包给机电仪集团公司的机电仪技术公司。

"熊猫"首次涉足 AFC 系统，与法国泰雷兹也是首次合作，由于双方对市场理解的差异，行业技术标准的不一致，设备制造、工程经验和项目管理上的不对称，沟通异常艰难；具体到项目中，双方对利益分享、具体分工等的看法也有很大分歧，因此，谈判十分艰苦，反复多次。但由于双方对未来市场广阔的前景和合作方式等方面的认知高度契合，首先确定了合作大方向——以南京地铁 1 号线 AFC 工程项目合作为契机，强强联合，共同开发国内外 AFC 设备和系统市场，达到双赢的目标，而后对过程中存在的不同意见，求同存异，步步推进，终于在 2002 年 2 月达成合作意向备忘录。

在此阶段，双方都清楚，国内外有多家知名企业参与此项竞标，其中包括：美国 Cubic 公司与上海邮通的联合体、日本信号公司（丸红商社）与京东方的联合体、韩国三星公司与其在中国的合资公司的联合体，等等。投标尚未开始，各方都在摩拳擦掌，竞争活动已经风起云涌。

为了从竞争中脱颖而出，熊猫信息和法国泰雷兹开始了积极、稳妥、有效的准备工作。首先，2002 年 3 月，在陈凤敏老师的热情邀请下，熊猫地铁项目办公室组织薛志兵、郭庆、袁东、陆斌、莫继业、魏轶群等技术人员去上海参观学习自动售检票系统。在上海地铁人民广场站现场，陈凤敏老师为他们如数家珍地介绍 AFC 设备布局，讲解设计思路和功能特点，反复引导技术人员从客流中通过闸机，体验 AFC 系统效能和运行环境，毫不保留地指出现实设备易出现的故障和设计缺陷。在地铁徐家汇站，她聚拢大家深入浅出地分析 AFC 系统在营运中经济效益和调度管理方面的作用，并语重心长地说，中国"四个现代化"建设刚刚启程，国内的城市轨道交通市场大得很，希望我国各地地铁线路能够用上有自主知识产权的 AFC 系统和设备。陈凤敏老师还不辞辛劳，带队去制造车间参观设备装配线，讲解装配工艺和质量保证，使这些技术人员对 AFC 系统技术有了全面的了解。

上海之行开启了"熊猫"AFC 第一课。紧接着，法国泰雷兹根据合作意向备忘录的要求，多次派经验丰富的专家来华对熊猫信息相关技术人员进行培训。技术培训的主要内容包括系统基本组成及基础管理、项目实施案例及应用技术发展、工程实施现场管理，以及 Gate（闸机）和 TVM（自动售票机）等设备的生产制造技术和 AFC 系统软件功能、业务流程和设计编程过程质量管控方法。他们还邀请南京地铁和"熊猫"技术人员去法国考察泰雷兹交通设备研发中心和外协加工车间，以及法国各地地铁 AFC 设备运行现状和效能，现场耳闻目睹，深切体会"泰雷兹"从项目规划、技术设计、部件加工、设备制造调试到现场安装、AFC 系统投入运行的全过程。法国专家"传帮带"的作风、一丝不苟的工作态度、严格的文档管理以及对项目计划进度的严谨态度、不断改进系统产品的精益求精的精神和"项目变更管理"的方法，给熊猫信息的参训人员留下了良好而又深刻的印象，为今后熊猫信息做工程项目提供了十分宝贵的经验（fig.1-2）。

*fig.*1-2 "泰雷兹"专家来宁培训"熊猫"技术人员

2002年6月19日，南京地铁1号线AFC标书正式发布。标书中除对系统功能、设备技术条件、工程进度、质量要求、安全保障和运行服务等有严格的要求外，还明确规定AFC系统中的设备应达到70%以上国产化和本地化维修服务的要求。

中法双方开始组团考察中外工程项目，共同拜访客户，交换项目信息，了解市场需求。又先后组织部分技术人员考察了法国巴黎地铁、印度新德里地铁和中国广州地铁1号线等的自动售检票系统。通过考察学习，这批技术人员对AFC系统有了更全面、更深入、更具体、更感性的认识，他们后来都成为熊猫信息AFC产业发展的核心力量，其中有些人更成为国内城市轨道交通AFC系统行业的佼佼者。

同年4月至7月，熊猫信息和法国泰雷兹在南京商谈草拟联合体协议和前期合作协议。在熊猫集团朱立锋总工协调下，各相关业务部门积极参与，密切配合。双方在严格的知识产权保护和贸易商务法律框架范围内，逐字逐句地反复推敲协议，就移交设计工艺文件的保管保密、样机转运进关、技术人员交流安排和市场分工合作推进等各类棘手的问题达成共识。

诚挚的合作氛围，专业化的交流，步步稳扎推进，高效率办事，这一切使"泰雷兹"对"熊猫"的软实力刮目相看，信心十足。双方在协议正式文本尚未签署之前，便按会谈备忘录的进度要求制定推进计划，法国泰雷兹开始提供有关AFC系统的技术资料，熊猫信息跟踪南京地铁的AFC项目进度，共同准备投标文件。

根据合作意向，双方在联合参与竞标南京地铁1号线AFC项目的同时，着手共同开拓国内外AFC市场。所以，这边合作分工商谈刚结束，时任熊猫信息副总经理王宏金就催促开始海外 AFC 设备制造和供货项目合同洽谈。

熊猫信息和法国泰雷兹经过 5 个月一边合作一边多轮紧张的协商，于 2002 年 7 月 9 日，正式签订了联合体协议和前期合作协议。这也是南京地铁 AFC 招标文件中规定的投标基本条件。

协议规定了双方的合作范围：共同参与南京地铁 1 号线 AFC 系统的竞标，共同开拓国内其他城市地铁 AFC 项目；明确了双方的分工：熊猫信息负责设备制造、组装和工程现场安装调试及 AFC 项目交付后的维护维修，包括泰雷兹在国内外承接的 AFC 系统项目关键设备（自动检票机、自动售票机等）的制造供应；法国泰雷兹负责整个项目技术总承，AFC 系统构架设计及设备嵌入式软件的设计和开发，并对熊猫信息相关技术人员进行指导培训。双方还达成共识，在南京地铁 1 号线 AFC 项目实施过程中、条件成熟时，筹建专业性合资公司。

强强联手，成功中标

根据协议，各项工作紧锣密鼓地开展起来。

首先是拟定投标文件，由牵头方熊猫信息负责，法国泰雷兹提供相关资料，并参与编制。由于熊猫信息没有与外国公司联合投标的先例，再加上对 AFC 行业没有实战经验，因此，拟定南京地铁 1 号线的投标文件花了很长时间。

法国泰雷兹先后把该公司之前在香港、曼谷、巴黎等地的投标文件中摘取的部分章节，共十几本外文资料，给熊猫信息参与起草的人员参考。熊猫信息组织了由袁东、莫继业、魏轶群、黄长梅、方芳等9人投标技术团队，集中翻译整理相关投标技术文件。当时投标团队9人之一的莫继业工程师深有体会：由于法国泰雷兹提供的资料摘自不同标书，章节较为混乱且无连贯性，因此翻译整理过程极为艰难，足足花了9个月的时间才告完成。

法国泰雷兹还派了一名投标经理来协助，成立了联合项目组。联合项目组的首要任务就是按南京地铁1号线AFC项目招标文件的技术要求，编写技术方案和制定AFC项目的执行计划。最终，项目组编撰的投标文件整整12册，详细说明工程项目界面、AFC系统架构、工程设计概要、线站设备之间处理信息流程和功能关系，各类设备技术要求和信息采集特征，系统软件和设备控制软件功能设计的经验说明；项目工程管理推进图表、质量控制节点和安全保障；以及关键设备构成、性能指标、环境安全和突发事件的应急响应及处理流程等。内容包罗万象，细致入微，将工程不同阶段的主要任务进行了层层分解和一一说明。

为编撰投标文件商务部分和落实计划项目实施，又专门成立由双方高层人员构成的项目执行指导委员会，解决了项目中双方责任分工和商务问题，推动了项目计划，最后完成了投标文件。

南京地铁1号线AFC项目，虽然有多家国内外的著名公司参加投标，但是，由熊猫信息和法国泰雷兹组成的联合体由于配合默契，投标文件质量较为突出，赢得了招标方的认可。一是在技术部分，专家高度评价：其系统成功的案例较多，阐述系统架构清晰，层次界面接口明确，功能完整，关键设备设计合理，技术成熟度高，国内设备配套程度高，便于本地化维修服务，同时专门设计了系统和设备在突发事件时的安全联动方案；二是标书中对工程施工的科学管理、严谨的工作流程图、管控节点和质量保证措施等作了专门阐述和详细解释。

2003年3月18日，南京地铁1号线AFC项目由熊猫信息和法国泰雷兹联合体中标，项目金额超1.5亿元人民币！这是南京熊猫组织架构调整以来最大的中标项目，也是熊猫信息涉足地铁AFC系统领域的第一单，引起南京熊猫内部轰动。

同年4月10日，熊猫信息与法国泰雷兹正式签订合作协议。之后，熊猫电子集团在内部专门成立熊猫地铁公司，朱立锋兼任总经理，王宏金、夏德传、王平任副总经理，薛志兵任总工程师。袁东为项目经理，陆斌为技术经理，张卫宁为安装经理。法国泰雷兹方面也派来了三名相应的经理：项目经理Loic Meignen，技术经理Zaire Goudjil，安装经理Pierre Picard。设备生产由熊猫机电仪集团公司的总工程师郭庆和莫继业负责，法方也有专业工程师对口支持。双方共同协商、相互配合，推动该项目向着既定的目标运作。

同年5月13日下午，联合体与南京地铁公司正式签订AFC合同。南京地铁公司总经理朱自强和熊猫电子集团总经理李安建代表中法双方组成的联合体在合同上签字。法国泰雷兹公司高度重视此项合同的签订，也派以副总裁为首的四位高层代表组团参加。

该合同文件中英文对照，分上下册，共589页、50多万字。单从这一点，就可以看出他们对这项工程的重视程度和所付出的辛苦和心血。从内容上看，合同文件类似工程规格书，详细描述工程施工过程每个节点的技术要求、质量保证措施、检验方法和结果规定；每个车站除了各项设备的安装数量、位置要求，还有设备的进场检验流程、安装安全规定、单机调试、车站系统联调方案、线路系统联调方案、安全预案、故障处理、系统试运行等规定；此外还明确了工程实施组织架构、责任到岗、人员组成以及详细的工程推进计划表。

合同内容包含：南京地铁南北线（1号线）1期工程南起奥体中心站，北至迈皋桥站，共16座车站，线路全长21.72公里。其中地下站11座，地面、高架站5座。其中设珠江路控制中心1座，小行车站培训测试中心和维修基地1座，终端设备TVM（自动售票机）179台、Gate（自动检票机）282通道（含宽通道）、POST（半自动售票机）101台。合同中明确了中标联合体的分工、责任，设备采购和供应，对南京地铁AFC项目提出的技术要求都作了响应和澄清（fig.1-3）。

合同的签订，意味着南京1号线AFC项目正式开始实行。

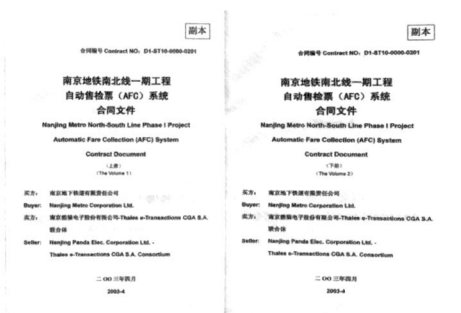

fig.1-3 南京地铁1号线AFC系统项目合同文件

第 2 章
践行承诺：合力闯过重重难关

"坚定的信念、顽强的作风、一流的技术、通力的合作"，奠定了熊猫信息胜利完成南京地铁 AFC 项目的坚实基础。

万事开头难

熊猫信息和法国泰雷兹联合体中标，双方都喜出望外。

南京地铁 1 号线是国家"十五"重点工程，它不仅是南京市，也是江苏省第一条城市轨道交通项目。对于这项工程，省市领导十分重视，南京市民也十分关注。对于有幸参与工程建设的熊猫信息来说，自豪之余，也感到巨大的压力。

为了更好地履行合同，熊猫信息与法国泰雷兹成立的联合项目组，首先是制订 AFC 项目的执行计划。为此，项目组消化了近 600 页的主合同，确认项目范围，将任务层层分解落实；其次，成立了由双方高层人员构成的项目执行指导委员会，解决了项目条款中的技术实现和经济利益问题，推动项目进展。

根据协议，熊猫信息要提供南京地铁 1 号线 AFC 系统项目的硬件设备，包括主要设备 Gate 282 个通道、TVM 179 台，并且要达到 70% 国产化率。对于刚刚跨进这个陌生行业的熊猫信息来说，要在两年内实现从合同签订到设备制造组装、现场安装、系统交付试运行都达到规定要求，难度很大。

而通过前期合作，法国泰雷兹看到，南京熊猫在中国电子行业有相当的影响力，其品牌电子产品在国内家喻户晓，机电设备设计制造经验丰富，还具备雄厚的软件开发和网络工程实施能力，尽管目前在 AFC 行业背景薄弱，但潜力不容小觑。他们对南京熊猫表现出真诚合作的意愿。他们不失时机地提供了设备样机和全套设计文件、工艺文件，严格的项目推进计划，并派来专家指导，以期与熊猫信息一起把南京地铁 1 号线 AFC 项目做成双方合作的典型样板工程，扩大社会影响。

南京地铁和资深专家也深知项目进展的难度，对引进设备从使用的角度提出许多优化或简化设计方案，以缩短建造周期。为降低成本，他们还帮助收集材料部件的市场信息，提出很多合理化建议，确保成本控制在规定范围内。

有了各方的支持和配合，熊猫信息有了攻关克难的信心和决心。

刻苦攻关

第一关是设备制造关。

根据双方联合协议，熊猫信息主要承担 AFC 系统中硬件设备的制造、系统设备现场安装调试以及系统交付运行后的系统维护和设备维修等各项工作。也就是说，在设备工艺方面，熊猫仅需进行机壳加工，就是主要负责制造外壳，设备里面的一些模块、嵌入的软件系统基本上都由法国泰雷兹负责。法国泰雷兹方提供装配图纸、设备构成的 BOM（物料清单）表、总装工艺文件以及关键设备的核心模块等关键技术说明书给熊猫信息，熊猫信息相关生产技术人员进行学习、制造、装配和调试。

联合协议写得清楚明了，但做起来就知道难度，就像解数学题，还有许多边界要求。如 TVM 设备，其中读写器、纸币模块、硬币模块、发卡回收模块等关键设备的核心模块基本上都必需是进口的或是从其他厂家以法国泰雷兹名义联系、签订合同并以美元的结算方式进行购买，而且价格居高不下，供应周期难以保证。为了满足 70% 国产化的要求，熊猫信息就必须尽量在国内寻找替代品，但因涉及产品的技术性能指标和双方的利益，中法双方只能一步步协商、磨合，反复验证，以达到双方都认可的条件。

而法国泰雷兹提供的终端设备的生产装配图纸，负责设备制造的熊猫机电仪技术公司的工程师们一看就发现了四个难题。

一是标准不同，如总装图纸、机械制图及标注方法是按欧盟和法国标准，必须转化为我国的国标（GB）。

二是法国泰雷兹所标的精度要求高，当时南京熊猫的加工设备和技术都很难达到，而且就算能够做到也成本过高，难以承受。如加工所需要的激光切割机、拉丝设备，当时南京熊猫都没有。

三是法国泰雷兹提供的设备明细构成要求和技术要求与南京熊猫的原有设备也有较大的差异，譬如 Gate，过去南京熊猫的产品多是箱体结构，而法国泰雷兹 AFC 设备都是按柜体设计的。

四是国外提供的 AFC 设备所使用的现场环境不同于南京地铁的使用环境，南京露天温度冬季在零下 10℃ 以下、夏季可达

50℃以上。条件变了，技术要求必须相适应，设备组成结构都必须做设计调整，并一一进行安全性、环境和可靠性、电磁兼容性试验，安装及人机工程也要重新设计。以上种种，除了工作量，最难的是时间。南京地铁1号线工程项目仅剩两年的工期要求，AFC项目是工程中众多项目之一，如果因设备制造影响进度，往往会牵一发、动全身，影响整个地铁工程投入运行。

为此，负责设备生产的郭庆总工程师与技术生产加工人员多次研究，群策群力，罗列破解难题的办法，加班加点，将这些难关各个击破。

第一是将法国泰雷兹提供的总装图纸的标准改为国标，这项工作专业性强，工作量巨大。技术人员一边翻阅资料、修改图纸，一边下到车间现场，指导装配调试，不知放弃了多少节假日。

第二是发挥南京熊猫设备制造的专长，自己设计制造专用生产设备，用数字冲床代替激光切割机，还生产了拉丝专用设备和专用的工装夹具等。

第三是进行工艺改换。如将原图纸中的螺帽转换为螺柱，虽然功能一致，但设备表面有瑕疵，不美观；生产技术人员精益求精，发挥工匠精神，克服困难，改进工艺，终于拿出令人满意的产品。

第四是将进口的、自己制造的和在国内购买的各部件整合在一个柜体或箱体内，有的需要进行样式的改装，有的需要进行接口的改动，还要解决各部件之间的匹配和兼容问题。虽然问题多、难度大，也都被一一克服。

第五是自制闸机问题。南京熊猫是第一次制造地铁闸机，一切都得从头学，边学边干。项目团队的成员大多数是刚毕业的大学生和缺乏经验的年轻人，刚拿到法方的图纸时，发现图纸信息不全，加工制作困难重重，经项目团队商量后大家决定吃住在钣金工厂，现场出现一个问题就解决掉一个问题。首先是完善图纸资料信息，接着对照设计图和各种参数，认真研究、消化，在吸收国外先进技术的基础上进行改进。

经过长达一个多月的蹲点、反复多次的试验和测试，2003年4月18日，南京熊猫首台Gate下线，该设备送往法国，经泰雷兹严格检测合格。2004年2月24日，不仅确认了南京地铁1号线AFC项目关键设备的设计方案，而且通过了闸机和自动售票机的电磁兼容测试以及地铁方组织的设备样机验收工作，开始批量生产。

2004年6月28日，南京熊猫生产的AFC设备开始在南京地铁1号线三山街车站安装。这开创了中国AFC国产化设备制造的新篇章（fig.2-1）。

第二关是综合协调关。

项目涉及多个单位，包括南京地铁、法国泰雷兹公司、进

fig.2-1 南京熊猫生产的AFC设备安装现场

口设备检验收单位、熊猫集团公司内部相关公司等。彼此之间有工作方面的协调，也有技术方面的磋商，还有利益方面的分歧弥合等。项目启动之初，熊猫信息设立城市交通技术开发中心（项目部），员工较少，主要应对进口材料和模块的检验，而随着国产化材料替代要求，产生大量的验证和结构设计工作量，根据岗位的需要，后将队伍扩充到30人，才真正做到管理流程明晰，责任到岗到人。

在项目推进的过程中，项目部负责接口沟通，与法国泰雷兹公司派驻的工程技术人员进行技术交流，与南京地铁进行业务沟通，同时完成进口设备器件的进口检验和通关流程，并协调设备生产过程中出现的众多技术和人员材料问题，解决了一个又一个难题。特别是在南京地铁根据实际需要，提出原定合同中没有涉及的改进要求时，法国泰雷兹坚持严格按照合同执行，如果要增加任务，需再造预算，相应地增加投资，延长工期。熊猫信息项目部从中协调，化解矛盾。法国泰雷兹为了打开中国的市场，也考虑到中国本土化的要求和熊猫信息的真诚合作，最后在某些方面也作了让步。

各方只有一个共同的目的，就是高质量地建好南京地铁1号线，为今后南京地铁的发展开一个好头。

第三关是安装测试关。

在安装测试阶段，项目部初次上阵，缺乏经验借鉴，遇到了多站点、多层次、多中心的统一安装与调试等一系列繁杂的问题。

南京地铁1号线AFC系统安装工作，包括11个地下站、5个地面站、1个控制中心和1个培训中心，这是一个庞大复杂的系统工程。不仅是 AFC 系统设备的安装和调试,还要与地铁工程的其他专业项目相协调,包括配电专业、通信专业、消防专业、土建装修专业等。

为了科学、有序、安全地工作,项目部和法国泰雷兹的专家一起,研究制订了高效、合理的工作计划。每天将"3 日滚动工作计划"传真至相关单位,以便各家同步做好安排,确保次日的工作任务顺利完成。

参与项目的所有管理和工程技术人员不畏艰辛,经过 9 个月的刻苦攻关,取得了突破性进展(fig.2-2)。

跨跃式发展

肩负着南京地铁 AFC 系统 1 期工程的熊猫信息城市交通技术开发中心的工程技术人员,在熊猫信息总工程师袁东的带领下,紧锣密鼓地开展工作。

*fig.*2-2　熊猫信息技术人员进行技术交流

为了打造"熊猫"品牌在智能化地铁设备上的高质量精品，做强做大熊猫信息产业，该中心技术人员在高技术含量和数以万计的图纸资料面前，以强烈的事业心和高度的责任感，遵循行业规范严谨操作，一丝不苟地严格按国际化标准有序地向前推进，这期间，为赶进度放弃了许多节假日，忘我地工作在工程第一线。

南京地铁1号线共有16个车站，所需282个通道Gate（闸机）和179台TVM（自动售票机）等AFC设备全部都由"熊猫"生产安装。因地铁预定于2005年投入运营，2004年年底前，所有通道闸机和自动售票机必须安装调试到位，所以，工期十分紧张。在闸机测试现场，熊猫信息的技术人员克服人手少、初次安装技术不熟练等困难，加班加点，连续数周不休息已成家常便饭，终于按期保质赶上了进度。

2005年年初，熊猫信息确定了奋发拼搏、乘势而上、努力实现跨跃式发展的工作思路。2005年是南京地铁1号线AFC项目最关键的一年，所有的闸机、自动售票机安装到位和调试，以及系统的综合调试直至正式运行后的保障等，每一个环节的成败都关系着熊猫信息的企业形象和经济利益。

与此同时，公司安排陈辉、仲纪梅和路成组成三人培训小组，接受法国泰雷兹技术人员的系统培训。他们认真学习消化、刻苦钻研，完成培训后很快通过了相关考核。当时培训所用均为英文资料，2005年春节期间，他们和其余几位同事将其全部翻译成了中文。2005年3月，他们用这批资料，为南京地铁第一批AFC人员进行了AFC系统操作和维护培训。为了确保培训能达到预期效果，他们还设置了书面考试和故障修复实操来对学员进行考核，保证AFC系统投入运营时全线各岗位由南京地

fig.2-3　培训三人组

铁工作人员熟练操作,系统顺利交付(fig.2-3)。

为此,产业集团党政一班人严格分工,悉心协调,确保此项工程在最后的关头不出差错。他们多次深入一线与南京地铁和法方技术人员协调,多次与法方高层视频沟通,在宏观指导的同时积极进行微观协调。

具体承接项目的熊猫信息和熊猫机电仪技术有限公司的员工充分发扬熊猫信息人"特别能吃苦,特别能战斗"的优良传统,一年来做培训、忙勘测、抓质量、赶进度、抢安装,夜以继日地奋战在闸机、TVM生产安装第一线。尤其在加快推进部分验收测试(PAT)过程中,他们与南京地铁和法方专家紧密联系,精诚合作,熬过了一个个不眠之夜。春节期间,他们一直工作到大年三十,年初三就又回到了施工现场。七、八月份,正值紧张的设备联调时期,他们在露天车站顶着高温一干就是一天,有时中饭都来不及吃……优良的工作作风赢得了南京地铁和法方工程师的称赞。

"熊猫"人的传统精神"坚定的信念、顽强的作风、一流的技术、通力的合作",奠定了熊猫信息胜利完成南京地铁AFC项目的坚实基础。

南京地铁1号线开通运营

2005年9月3日,南京地铁1号线全线开通,同时,南京熊猫制造、安装的AFC设备系统也正式运营并交付使用。

这天上午,南京地铁1号线奥体中心站地面锣鼓喧天,各级领导和许多市民冒着细雨聚集于此,共同迎接这条凝聚着数十万名建设者近五年心血的"钢铁长龙"正式通车。

南京地铁1号线贯穿南京市主城区的中心腹地,形成南北向中轴线的快速轨道交通走廊。线路原长16.9公里,南起小行,向北经新街口、鼓楼、南京火车站,至终点迈皋桥,将城市商业、金融、文化、综合服务等中心繁华区及对外交通口等客流集散点连接起来。后来,为配合南京市以迎接十运会为契机加快建设河西新城区的战略构想,南京地铁1号线向西延伸4.82公里至奥体中心,线路全长达21.72公里。

南京地铁1号线的顺利通车,大大缓解了市内交通拥堵压力,也标志着古城金陵成为继北京、上海、天津、广州、深圳之后,中国内地第6个拥有地铁的城市。长远来看,对于构建城市交通立体化综合交通运输网,增强城市综合竞争力,促进经济社会发展,必将产生重大而积极的影响。

fig.2-4　9月4月《南京日报》报道

《新华日报》《南京日报》《扬子晚报》等主流新闻媒体都作了相关报道（fig.2-4）。

参与南京地铁1号线AFC系统建设的南京熊猫领导和工程技术人员目睹1号线开通，由衷地感到高兴和自豪。南京地铁1号线AFC系统的成功实施，不仅为南京的城市交通信息化建设作出了贡献，也为"熊猫"进军城市交通信息化领域拓宽了市场前景，将会对南京熊猫调结构、促改革、增效益、谋发展产生巨大影响（fig.2-5）。

fig.2-5a　南京地铁1号线开始运营

fig.2-5b　南京地铁工作人员为乘客进行讲解服务

fig.2-5c 庆祝南京地铁 1 号线开通典礼上,市民在地铁站举行婚礼场景

第 3 章
首战告捷：初显品牌价值

大批量的 AFC 设备的生产加工制造、出口配套，得益于合资公司的双方，并取得双赢的结果。

国内最为稳定的 AFC 系统

南京地铁 1 号线的开通运营，证明熊猫信息与法国泰雷兹在 AFC 系统的合作上取得了成功，可以说是首战告捷！

建成的南京地铁 1 号线 AFC 系统，包括众多的智能一体化设备，都是在法国泰雷兹工程师的指导下，经过熊猫信息工程师的优化功能设计，千方百计采用国产材料、器件和模块替代进口品，使得国产化水平达到 70% 以上，成本大大降低，且经过功能和性能测试，指标达到国外样机水平，满足系统要求，在实际使用环境中运行状态良好，质量可靠。

同时它还有一整套 AFC 软件系统，自下而上包括设备嵌入式控制软件、车站中心系统软件、线路中心系统软件等，实现了和南京公共交通结算数据中心（IDC）的成功对接，而 IDC 软件是由熊猫信息自行设计和开发，具有自主软件著作权。单程票采用筹码（Token）的样式，票卡采用非接触芯片，票卡类型 Type A 通用性强，这样处理符合当时住建部的密钥标准，并与引进的 AFC 在线密钥系统相兼容，满足当时最大客流量 150

万人的设计要求，不仅为南京地铁提供了一个完整的高可靠性、高安全性、可扩展性的系统，同时方便了南京市民，只要手持市民卡便可选择地铁、公交车、出租车或轮渡等不同方式出行。这也是使用筹码式车票、设备制造在国内率先达到国产化要求的一套城市轨道交通AFC系统，以及全国意义上第一个真正实现城市交通一卡通的系统。南京地铁邀请港铁咨询为其进行开通前评估，港铁专家作出高度评价，称之为"国内最为稳定的AFC系统"，显示了它独有的品牌价值。

这次的成功，对于南京地铁、熊猫信息和法国泰雷兹联合体，特别是对熊猫信息来说，有着众多值得总结的经验和收获。

第一，这次合作，使得业主方——南京市政府及南京地铁对熊猫信息和法国泰雷兹联合体有了全面深入的了解。在项目实施过程中，联合体遇到困难，业主及专家主动提出解决方案，帮助解决；业主根据本地发展需要提出新的改进要求，经过协商后，联合体也尽力满足。南京地铁1号线AFC系统单程票采用Token样式，泰雷兹提供的Token回收和发售模块可靠、稳定，技术成熟，已有众多成功案例。联合体协助业主对非接触车票芯片SONY Felica和NXP进行比选，最后从性价比角度考虑，选择了NXP公司的产品Desfire和Ultralight，这是NXP公司产品在国内首次使用于地铁项目——此后成为国内AFC车票的主流产品。同时，熊猫信息对国内Token生产厂家进行考察后，选择合格的生产供应商，达到了业主的要求。各方配合默契，可信度增强，为今后的合作打下了良好的基础。

第二，培养出一支AFC系统研究设计、生产制造、安装调试、维修维护的项目团队，他们从不懂初学、边学边干到熟练掌握，是熊猫信息未来在 AFC 产业上可持续发展的重要人才资源，为后续项目的实施奠定了基础。

第三，与法国泰雷兹公司的合作，对熊猫信息市场观念的转变有深刻的影响。熊猫信息学到了外国科学的管理经验，如设立项目经理管理制，做到业主—客户—生产—供应商全方位的信息一致性，确保业主需求清晰、准确、及时地传达到相关部门并得到反馈，进行成本管控。随着城市建设的加快，多条地铁线路相继开工，市场竞争也越来越激烈。熊猫信息在保证品质的前提下，如何节约成本，提高竞争力，变成重中之重。项目团队通过节省加工材料、改良加工工艺、优化内部结构、调整表面处理方式等达到降低成本 10% 的目标，同时保证了品质。

第四，由于 AFC 系统设备国产化达到 70% 的要求，国内配套中的技术关键，通过供应 1 号线设备得到验证，并批量生产。大量的备品备件可以由国内产品替代。为了保质保量地生产 AFC 系统设备，熊猫信息在此后投资添置了必要的生产设备，如激光切割机、焊接机器人等，有效地提高了生产能力和制造水平。

第五，法方交付的 AFC 系统，为适应南京本地化要求，在法国泰雷兹的指导下做了适应性改造，为熊猫信息在消化吸收的基础上创新做了必要的准备。

第六，南京地铁 1 号线项目上的成功合作，使得熊猫信息和法国泰雷兹都看到了强强联合、优势互补的巨大威力和广阔前景。虽然双方在合作过程中有些摩擦、分歧甚至争论，但是为了一个共同的目标，相互理解、相互包容、相互支持，整体合作是愉快的。特别是在设备生产、安装和调试过程中，泰雷兹安排了多名法国工程师往返南京，支持熊猫信息本地工作，在技术和项目管理方面对熊猫信息工程师的成长都提供了很大的帮助。

2005年，根据前期协议（早在2002年，双方就有成立合资公司的意向），熊猫信息和法国泰雷兹在金陵饭店举行了成立合资公司的签字仪式。双方明确，要将合资公司打造成法国泰雷兹亚太区域设备供应中心。法国泰雷兹负责AFC市场拓展、技术总承，熊猫信息负责设备制造、现场施工和系统维护。熊猫信息全面承接法国泰雷兹亚太区域设备制造业务，完成中国台湾地铁AFC设备制造的订单之后，又开始了印度新德里地铁1、2、3号线Gate设备的生产制造准备工作（fig.3-1）。

合资公司的成立，是熊猫信息AFC发展史上非常重要的节点。合资公司为熊猫信息在AFC设备出口贸易方面打开新的窗口，使其设备制造工艺、检测、加工能力更上一层，并且对熊猫AFC软件系统的开发和硬件的研发起着重要的启示作用。此后，熊猫信息成为法国泰雷兹在亚洲最大的AFC系统设备制造供应中心。

*fig.*3-1　熊猫信息和法国泰雷兹合资公司成立签字仪式

成功进入城市轨道交通产业领域

2007 年,南京地铁 1 号线 AFC 项目荣获科学技术部"国家火炬计划项目证书",熊猫信息的"南京地铁 1 号线重大装备关键技术开发与应用"获得"2006 年江苏省科学技术进步二等奖"、南京市第四届群众性经济技术创新成果一等奖的第一名(fig.3-2)。

在短短的几年内,熊猫信息就能做到 AFC 设备 70%国产化和 AFC 系统 70%进口件故障的自主修复率,这是惊人的也是喜人的巨大成功,彰显"熊猫"人引进消化先进技术、勇攀高峰的自信、决心和能力。这标志着熊猫信息已经成功进入了一个崭新的产业领域,即城市轨道交通领域,为集团未来信息产业的发展奠定了良好的基础,开辟了更加广阔的空间。

fig.3-2a 国家火炬计划项目证书

fig.3-2b 2006 年江苏省科学技术进步奖

南京地铁 1 号线 AFC 成功投入运营，也成为法国泰雷兹在中国开拓市场的典范。在 1 号线建设期间，熊猫信息在终端设备国产化过程中，装配工艺、加工和制造技术日益成熟，不仅生产出 1 号线所需的所有 AFC 关键设备，质量稳定，而且成本远低于法国产设备，价格优势明显，逐步替代进口设备，AFC 系统工程造价日渐下降。

2005 年开始，随着人才队伍的壮大、业务量的扩大、产业发展条件的成熟，熊猫电子集团为了将 AFC 发展成为支柱产业，便于一元化管理，把所有业务归集于熊猫信息，同时，原来由熊猫机电仪集团负责的 AFC 设备设计生产的部分也统一到熊猫信息旗下，由总经理王宏金、副总经理夏德传、总工程师袁东和陆斌等挑起企业转型、技术升级的重担。

2005 年 5 月，按照双方协议，法国泰雷兹与熊猫信息共同建立的合资公司——南京泰雷兹熊猫交通系统有限公司（TPTS）正式对外挂牌经营，由夏德传出任中方总经理。2006 年 12 月，因 TPTS 实际经营需要，中方委派许立新接替担任中方代表、副总经理。TPTS 大力开拓市场，参与国内和海外城市轨道交通 AFC 项目建设，其中 Gate、TVM 等主要终端设备均委托熊猫信息加工制造。

合资公司利用品牌的影响和良好的业绩口碑，实现了开门红，继中国台湾轨道交通 AFC 项目之后，先后又承接到中国北京、印度、泰国、委内瑞拉、中国香港和阿联酋迪拜等国家和地区的地铁 AFC 项目。熊猫信息向各地 AFC 项目提供 Gate、TVM 等设备多达 5000 余台 / 套，包括后续的维修服务，这也成就了熊猫信息把 AFC 系统维护维修服务作为重要的业务项目之一。

由于设备订单应接不暇，一时间生产压力巨大，过去小批量研制生产过程中不曾出现的问题，如总装齐套、调度失调、工艺缺陷、设计文件管理等时有发生。熊猫信息严格执行了军工生产的规范管理流程制度，法国泰雷兹则派专家莅临现场，带来国外新鲜系统设计理念和技术解决方法，与工程师交流切磋，传授了许多宝贵经验，使得产品加工效率大为提高，也对熊猫信息软件系统方面的开发、硬件的研发起着推波助澜的作用。

受国外先进生产技术管理思路影响，熊猫信息建立起一套适应 AFC 行业特点、行之有效的质量管理体系，通过生产实践，锻炼出一支专业技术娴熟、分工配合默契、特别能吃苦的员工队伍。熊猫信息提供的设备在外观表面处理、内部工艺装配、性能指标、可靠性以及售后服务等方面都获得中外客户一致好评。

熊猫信息秉承熊猫电子集团的精密机械设备设计和制造能力，消化吸收国外先进技术，自主研发和生产了"熊猫牌"TVM（自动售票机）、Gate（闸机）等专用设备和模块，完全具备了地铁专用设备的大规模生产制造能力。经过几年的艰苦奋斗，"熊猫"不仅在 AFC 系统领域实现了核心技术的零突破，先后承接了南京、北京、深圳等多条地铁线路的 AFC 项目设计、设备配套供应、安装调试和维修保养服务，而且经过设计优化、工艺改良，组装生产的地铁自动售检票设备还出口到东南亚、南美等国家和中国香港、台湾等地区。

如此大规模的设备生产制造，不仅大大提高了员工制造加工的素质和组织生产的能力，而且参与大型地铁项目建设，本身也是多工程相互交叉，在配合上有严格的现场推进计划，有利于积累行业项目管理经验，培养锻炼队伍。通过引进消化先进的国外 AFC 技术和国产化改造，形成了一支专业研发团队和技术人才队伍。更重要的是经过几年的市场摔打，熊猫信息摒弃了等、靠、要的观念，通过市场竞争争取和创造生存条件，在优胜劣汰中打开了自己的发展空间，跨入 AFC 行业，并建立起良好的协作关系，实现了陈凤敏老师等业内专家要使 AFC 系统设备国产化的初衷。

大批量的 AFC 设备的生产加工制造、出口配套，得利于合资公司的双方，并取得双赢的结果：给泰雷兹带来丰厚的经济收益，在海外市场取得良好的声誉；同时，熊猫信息的国产化设计和设备制造，以质量优良、服务周到赢得市场青睐，出口创汇也取得良好的经济效益，城市轨道交通产业给"熊猫"发展注入了新的动力，为熊猫信息在 AFC 行业发展奠定了基础（表1）。

表1 熊猫信息和法国泰雷兹部分合作项目供货表

日期	项目	数量
2005 年 5 月	中国台北地铁闸机	145 台
2007 年 9 月	加拉加斯地铁闸机	451 台
2007 年 10 月	圣多明各地铁闸机	118 台
2008 年 5 月	曼谷地铁闸机	138 台
2008 年 6 月	迪拜地铁闸机	434 台
2009 年 12 月	多伦多读写器	6164 只
2010 年 10 月	德里地铁闸机	175 台

第 4 章
突破模式：创立清分系统

熊猫信息成为国内唯一可以整体提供轨道交通售检票系统规范制定、清分结算系统软件开发、线路 AFC 系统软件开发、终端设备供应以及 AFC 系统项目集成和运维服务的全天候供应商。

城市交通一卡通模式

在南京地铁 1 号线建成之前，南京城市交通主要依赖公交、出租车和轮渡等。为方便市民出行，全市已经实现一卡通，即只要一卡在手，就可以乘坐公交、出租车、轮渡等交通工具。

由于改革开放后经济发展迅猛，地面交通已经满足不了南京市民出行的需求，地铁建设势在必行。在进行南京地铁 1 号线项目规划时，南京市政府就要求，南京地铁必须"融入"采用一卡通的服务方式，保证市民使用一卡通乘坐公交、出租车、轮渡和地铁等不同方式出行，同时便于不同运营主体间实现经营收入的清分计算。

南京地铁 1 号线建设时，在珠江路控制中心设置了 AFC 系统的线网中心（LC）系统，对 1 号线 AFC 系统统一监控管理；并在地铁 1 号线线路中心和城市交通一卡通清算中心之间建成了地铁结算数据中心 (IDC)，负责 1 号线与公交 IC 卡系统的清分对帐。在国内首次实现了地铁开通运营即与公交 IC 卡系统互联互通和清分对账。虽然 IDC 仅为地铁线路和一卡通提供清分结算功能，但一定程度上已具备 ACC（票务清算管理中心）这一层次的雏形。

为使南京地铁 1 号线 AFC 系统融入 IDC 系统，熊猫信息参加了该项目的设计开发。这一概念的提出，是基于多条地铁线路规划建设，为核算各条线路营运效益、定义票价体系、便于乘客无障碍换乘，业内专家和南京地铁在规划地铁 1 号线时，就开始筹划 ACC 功能需求。

当时，南京市的主要公共交通工具是公交车、出租车和轮渡，市民使用南京市民卡公司发行的摩托罗拉 Type B 类型 IC 卡刷卡搭乘公共交通，该类型的 IC 卡已发行两百多万张。在南京地铁1 号线建设期间，南京市政府及南京地铁提出南京地铁 AFC 系统要与南京既有公共交通收费系统实现一卡通，即南京市民持一张卡就可以乘坐公交车、出租车、轮渡、地铁等多种公共交通工具。恰逢南京市民卡公司已发行的 IC 卡芯片供应商面临着停产的境遇，南京市政府果断决定：南京地铁以投资入股南京市民卡公司的方式，将原 Type B 类型 IC 卡全部废掉，重新开发兼容性更强的一卡通，要求是支持当时住建部的统一城市密钥体系。

此时，刚从法国泰雷兹引进的地铁 AFC 系统尚未落地投入运营，其中的密钥系统技术熊猫信息根本不了解，就要与住建部的统一城市密钥系统实现互联互通，也就是所谓的"一卡通"，这不仅在国内没有先例，在国外也未见成功案例。对于还沉浸在中标喜悦之中的熊猫信息来说，这不啻于扑面而来的一盆冷水。

这是一个极大的挑战，必须科学地解决一系列难题，如：在同一 AFC 系统中多个密钥系统的兼容问题、IC 非接触芯片的选型问题、芯片内文件结构设计问题，以及南京公交系统和地铁 AFC 系统中的读卡器与 IC 卡适配问题等。当时住建部在公交车上使用的是 PSAM 卡，密钥体系主要采用离线方式。而针对南京地铁引进的 AFC 系统，从运营的安全考虑，采用的是非对称密钥，使用的是在线验证方式，随时验证系统上每台设备的有效性，且仅适用于地铁线路的独立运营，没有与市民卡的接口和对账功能。

因此，南京地铁提出，按照市政府的要求：南京地铁 1 号线的 AFC 系统票卡密钥体系必须与住建部 PSAM 卡相兼容，以便在以后的 2 号线以及规划中的南京地铁其他线路中广泛应用。

一开始，法国泰雷兹不同意修改既定方案：一是他们认为我国住建部的 PSAM 卡结构设计基于离线，不安全；二是考虑到公司的利益——这是招标文件中没有提到的技术要求，如果要实现一卡通，必须对 AFC 系统的核心业务和读写器重新设计，需追加投入，由于研发报价太高，研发周期还将影响 1 号线开通时间，业主不能接受。

为此，熊猫信息和法国泰雷兹联合体与南京地铁反复论证，了解了住建部密钥系统的核心架构和模式。在联合体内，熊猫信息从中协调，一再说明法国泰雷兹 AFC 系统仅适用于国外城市交通管理环境，只考虑地铁单一的运营，没有诸如与其他公共交通方式实现一卡通等，不符合南京市政府及南京地铁从市民出行的实际需求出发提出的便捷要求，而且一卡通是未来中国城市公共交通发展的方向，对拓展市场有利。

针对法国泰雷兹重新设计制造所需投入太大，而且会延长工期，熊猫信息表示将积极配合，加大技术力量的投入，并且强调，只有在中国的地铁建设中解决这一关键技术，泰雷兹 AFC 技术才能落地，才具有竞争力。最终法国泰雷兹作了让步，在要价不菲的条件下，才开诚布公地介绍两种密钥系统的技术差异，提出两种系统融合兼容的设计思路。

熊猫信息主动承担，由总工袁东牵头后继的研发和试制工作，并于2005年7月26日与南京地铁签定了南京地铁IDC结算中心系统设计开发的合同。熊猫信息任命耿本兴为项目经理，组织开发团队攻坚克难。开发团队多次与住建部、南京市民卡公司、泰雷兹等单位沟通、协商；与南京地铁、南京市民卡公司的专家和管理人员开会讨论和技术对接，最后选择NXP Desfire卡作为南京一卡通介质，重新设计卡结构形式及更新读写器具的软件程序，解决两种系统相互兼容的问题。

经过反复设计、多次测试，南京公共交通IDC结算中心系统于2005年9月3日与南京地铁1号线同期开通，实现了南京地铁与市民卡公司的所有结算。这是熊猫信息首次将自主开发的软件应用于地铁AFC系统行业，解决城市交通一卡通在地铁、公交、出租车、轮渡等公共交通工具中的互联互通，这在当时尚属国内首创。城市交通一卡通模式至今被广泛应用于国内城市公共交通系统。这也为熊猫信息之后自主研究开发轨道交通AFC的票务清算管理中心（ACC）和创新研制AFC系统核心模块"通用票务流程内置读写器"等项目打下了基础。

在AFC系统架构上创新增加ACC层

以上仅解决了地铁1号线单条线路与市民卡公司的一卡通清分问题，相对来说，地铁单线路一卡通的清分还比较简单。可是，早在2000年之前，南京就规划建设13条地铁线路，而在南京地铁 1 号线建设期间，2 号线工程项目已经紧锣密鼓地开始了。设计中的南京地铁 2 号线是东西走向，与 1 号线南北走向在新街口交叉相汇，相互之间就产生关联，这对 AFC 而言就涉及很多问题，譬如如何方便乘客无障碍换乘、客流数据测算、费率票价、线路之间运营收费清分等问题。依据规划要求，如多条线路投入运行，在引进的 AFC 系统构架上必须增加 ACC 层，从而解决全线网多条线路的统一结算和清分问题。

前文一再提到熊猫信息在联合体的框架下，引进泰雷兹的先进 AFC 技术，在以陈凤敏老师为代表的业内资深专家指导下，在南京地铁的积极推动下，国产化进程稳步推进，有成功的喜悦，也有意外的情况发生。南京地铁 1 号线正常运行一年后，某天凌晨，AFC 系统突然全线停止服务，站内一片混乱，所有设备均没有显示故障信息。熊猫信息技术人员第一时间赶到控制中心现场后束手无策，紧急支援的法国泰雷兹工程师则短时间内无法到达现场，为避免拥挤事故发生，南京地铁只好启用应急预案，打开所有闸机放行客流。系统全线的停摆一时引起了社会各方的广泛关注，市政府、交通主管部门、媒体记者电话纷至沓来。

在这紧急时刻，由地铁公司和熊猫信息组成的现场联合排查小组，不等不靠沉着冷静，针对故障现象抽丝剥茧，分析各种可能，逐一排除，最后南京地铁工程师毛建检查出了问题所在，竟是设置的时间参数到期问题。经重新设置时间后，系统又恢复运行。尽管是虚惊一场，但这次意外事件却提醒熊猫信息的工程师，科技探索永无止境，不能满足于系统的引进和模仿，还须"百尺竿头更进一步"——消化、吸收，促使他们不断钻研 AFC 系统，通过系统分析设备关键模块功能作用，从主要设备维护入手，保证系统正常营运，进而开拓创新系统新功能。例如：设备中的关键部件多为进口件，AFC 系统又是 $7\times24h$ 的实时系统，地铁业主对服务的时限要求较高，大大增加了技术支持服务的难度。如果按照原定的所有进口件均需返回国外修理的流程处理，至少要耗时一个月，不仅不能满足业主对时效性的要求，高额的运费和税费也增加了地铁公司的运营成本。

为了解决以上矛盾，熊猫信息在袁东和陆斌两位总工的领导下，设立了专门的课题小组，得到南京熊猫兄弟单位机电仪集团积极配合，开展对 AFC 系统设备中进口部件的自主维修。他们查找了大量资料，努力克服外方技术壁垒障碍，通过对硬件电路、软件的分析、研究和实验，群众性的技术革新，制作了大量针对各类模块的检修工装平台或夹具，并运用各种开发系统和通用编程系统实现对芯片级软件的修复、录制和部署，最终实现了对 70% 进口件故障的自主修复，并且达到不低于原进口部件的技术水平和性能指标。由于能分析系统故障原因，精准寻踪觅源找到故障点，及时排除故障，这不仅大大提高了工作效率，而且大幅度降低了维修成本，也为我国地铁 AFC 系统设备部件自主维修开辟了一条新路。通过维修，熊猫信息积累了经验，增长了对 AFC 系统的了解，为以后改进系统优化结构埋下伏笔。天道酬勤，功夫不负有心人，之后类似 1 号线 AFC 的事故再没有发生，极大地促进了"熊猫"人完善系统功能、满足社会需求的信念。

随着国内轨道交通建设在各大城市如火如荼展开，南京地铁的管理者和专家也意识到：一旦城市轨道交通多条地铁线路形成线网系统，为提高系统的安全运行、集中管理、调度车辆、疏导客流能力和优化运营效率，必须建立统一处理平台，管控系统设备，进行数据分析，作为多个地铁运营商的代表与城市公共交通一卡通等进行协调以及清分对账。为此，他们在设计 2 号线时就帷幄筹谋，在南京地铁票务清算管理中心（ACC）1 期工程总包项目招标文件中，提出在 AFC 系统架构上创新增加 ACC 层的需求，创新开发应用换乘算法模型，充分发挥 AFC 系统智能资源作用，实现不同地铁线路之间无障碍换乘功能，票费在后台自动结算。

2007 年 4 月，熊猫信息凭借其在南京地铁 1 号线 AFC 项目和 IDC 清结算中心系统中的实施经验，提出完善详尽的密钥管理体系、客流计算模型、费率票价计算和清分结算等设计方案，并以明显的价格优势，击败了来自美国、澳大利亚和韩国等具有 ACC 项目建设经验的众多对手，成功中标南京地铁票务清算管理中心（ACC）1 期工程总包项目，同年 5 月签订合同。

南京地铁票务清算管理中心（ACC）1 期工程总包项目合同中明确说明：南京地铁 ACC 作为南京城市轨道交通线网 AFC 系统最上层的管理中心，它在线网 AFC 系统中扮演着非常重要的角色。南京地铁 ACC 系统，作为地铁全线路 AFC 系统协调及对外票务信息服务和管理的主要窗口，代表所有线路负责向其它部门和单位进行票务事宜的联系和协调工作。ACC 将为各线路统一制定、发行和管理轨道交通联网专用车票（一票通车票），并负责对各联网线路一票通收益作清算、对账、系统安全定义及有关数据处理等。在正常运营情况下，ACC 对各线路运营起监察作用，并提供协调功能、票务管理、交易清分及交易对帐等服务。在紧急情况下，ACC 负责协调各线路的联网运营。ACC 将负责不同运营主体间账务清算、票务发行，同时将作为轨道交通运营商的代理，与一卡通公司等第三方进行清分结算和协调工作。ACC 作为地铁网络化运营的数据中心管理部门，为确保网络化运营过程中清算的准确性、票卡资源流通的合理性和资源利用的有效性，将成为全网络票价的制定及发布中心、运费清算中心、车票调配策略实施的管理中心。

这是一个高标准的要求，也是首创性的要求，国内外均无先例。

南京地铁 1 号线引进的法国泰雷兹 AFC 系统的费率以及票价的计算等相关参数都是在 LC 层（线网中心层）生成的，参数通过网络下载到沿线各车站每台终端设备的工控机内。乘客在刷卡时，读写器识别票卡，将票卡内的信息读取出来，上传至工控机，由工控机按照票务处理流程，对票卡的信息进行处理，再通过读写器将处理后的信息写进票卡中。票务处理流程参数放在工控机内的一大劣势就是频繁的票务处理流程调整，将导致工控机软件频繁地升级版本，工作量繁重。当时的这种不装载票务处理流程的读写器被业界戏称为"小读写器"。由于 ACC 功能在国内地铁市场的独特需求完善了 AFC 系统架构，还引发了系统重大设备中的核心模块"大读写器"即"通用票务流程内置读写器"的创新研发，相关创新设计将在下一章详细介绍。

熊猫信息的 AFC 技术在起步阶段多是由法国泰雷兹传授，引进的技术核心建立在单一线网上。在考察巴黎地铁时，见到乘客在车站换乘时需先出站再通过闸机进站，可见多线路无障碍换乘处理平台技术尚不成熟。法国泰雷兹的 AFC 系统架构中没有独立的 ACC 层的设计，增加 ACC 层完全是为适应中国城市轨道交通多线网运营的市场特点和方便乘客无障碍换乘的需要。

南京地铁票务清算管理中心（ACC）是南京地铁交通线网 AFC 系统最上层的管理中心，承担所有票卡发行、票务收入的汇总和清分工作，同时还负责南京地铁线网 AFC 技术规程的制定工作，对整个线网客流信息进行汇总分析。"熊猫"成功中标南京地铁 ACC 系统项目后，专门成立了一个软件开发团队，对此系统层次结构进行分析，对各层次功能调整划分，完全自主地研发。

经过一年多的风雨兼程，具有自主知识产权的 ACC 系统于 2008 年 11 月正式上线。熊猫信息完成了 ACC 系统的研发，实现了 ACC 项目中提到的所有功能，并对南京地铁 1 号线 AFC 系统进行改造升级，实现了与南京公用事业 IC 卡公司结算系统的顺利接入，应用效果达到设计目的。

2009 年元旦期间，熊猫信息 ACC 项目组的工程技术人员主动放弃了休假，持续奋战在工作一线，现场密切跟踪 ACC 系统中 1 号线的运行状态，配合地铁运营公司对票务清算管理中心的 IC 卡交易数据进行了系统的统计核对，努力确保 ACC 系统试运行工作顺利进行，同时为 2 号线的前期接入做好准备。

经过一系列的测试以及安装调试，熊猫信息系统开发技术人员历经 13 个月的奋战，于 2009 年 3 月，终于完成地铁 ACC 项目的开发和设备、软件系统的现场安装，并达到了预期的设计目标。

自主知识产权的清分系统

项目实施过程中,熊猫信息通过引进、消化、吸收国外先进技术,根据国内城市轨道交通工程 AFC 系统项目需求,攻破层层技术难关,终于开发出具有自主知识产权的 ACC 系统。

2011 年 7 月 13 日下午,受江苏省经信委委托、由南京市软件办主持的"轨道交通票务清算管理中心(ACC)系统软件研发及产业化"项目验收会在熊猫信息召开。项目验收组听取了该项目的工作总结和用户对系统使用情况的汇报,认真审阅了相关文件,认为验收材料齐全规范,功能和技术指标达到设计要求(fig.4-1)。

与会专家对系统高度评价:轨道交通票务清算管理中心(ACC)系统软件的主要性能是构筑一个相对独立的第三方地铁清算管理中心,通过独立的安全密钥系统,统一的清分规则、费

*fig.*4-1 项目验收会现场

率规则,在各线路之间分配各条线路应得的收益,分配地铁与城市通卡清算中心的收益,进行清算、对账;同时统一管理不同线路自动售检票系统的票务库存、运营参数,对线路、车站、设备的状态进行监控。该系统软件已在南京等城市地铁得到成功应用,实现了轨道交通票务清算管理系统的进口替代,取得了显著的经济效益和社会效益。完全符合验收标准要求,一致予以审核通过。

"轨道交通票务清算管理中心(ACC)系统软件研发及产业化"项目研发周期从 2007 年 10 月开始到 2009 年 12 月结束,共计 27 个月。经过软件需求分析、系统设计、模块设计、程序设计、软件测试、系统集成、试运行及推广三个阶段的研发,熊猫信息完成了项目规定的总体目标、技术指标和主要经济指标。项目成功申报了 8 项软件著作权和专利,形成了南京市联网的城市轨道交通自动售检票系统设计技术规范,获江苏省科学技术进步二等奖、南京市自主创新产品证书、江苏省高新技术产品认定证书等,并成功获批江苏省轨道交通自动售检票系统工程研究中心(fig.4-2)。

南京 ACC 的成功运营,使南京成为国内少数几个 AFC 系统网络化成功运营的城市之一,进一步提升了熊猫信息在 AFC 行业的地位。

*fig.*4-2a "熊猫"获科学技术进步奖荣誉证书

fig.4-2b 江苏省轨道交通自动售检票系统工程研究中心项目获批

AFC系统先前分为4层架构（ACC系统之前），现在国内建设的城市轨道交通AFC系统标准模式都分为5层架构，即车票、车站终端设备、车站计算机系统、线路中央计算机系统和清分系统5个层次。层次结构是按照全封闭的运行方式，以计程收费模式为基础，采用非接触式IC卡为车票介质的组成原则，根据各层次设备和子系统各自的功能、管理职能和所处的位置进行划分的。

目前确定的5层结构型式，是根据我国国情和城市发展现状，综合考虑了轨道交通建设的特点（如线路多而复杂、建设周期长、多个业主单位等情况）而设置的，具有一定的可伸缩性（fig.4-3）。对各层次必须实现的功能和要求做出如下规定：

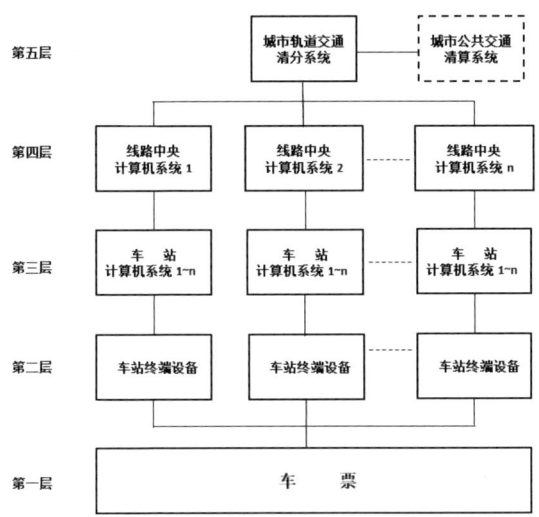

fig.4-3a　AFC系统5层架构（一）

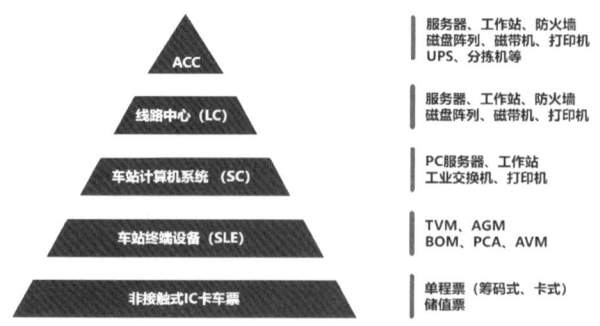

fig.4-3b　AFC系统5层架构（二）

第1层——票卡层：车票是乘客所持的车费支付媒介，规定了储值卡和单程票两种类型的物理特性、电气特性、应用文件组织以及安全机制等技术要求；

第2层——设备层：车站终端设备安装在各车站的站厅，直接为乘客提供售检票服务的设备，规定了车站终端设备及其运营管理的技术要求；

第3层——车站层：车站计算机系统，其主要功能是对第二层车站终端设备进行状态监控，以及收集本站产生的交易和审计数据，规定了系统的数据管理、运营管理及系统维护管理的技术要求；

第4层——线路层：线路中央计算机系统，其主要功能是收集本线路AFC系统产生的交易和审计数据，并将此数据传送给城市轨道交通清分系统，以及与其对账，规定了对该线路的车票票务管理、运营管理及系统维护的技术要求；

第5层——清分层：其主要功能是统一城市轨道交通AFC系统内部的各种运行参数、收集城市轨道交通AFC系统产生的交易和审计数据并进行数据清分和对帐，同时负责连接城市轨道交通AFC系统和城市一卡通清分系统，规定了对车票管理、票务管理、运营管理和系统维护管理的技术要求。

随着中国城市轨道交通运营线路的不断增多，形成路网，覆盖城市交通各部分，无疑极大地方便了市民出行。路网的形成，无障碍换乘对建设一个服务于整个城市轨道交通的中央级清分结算系统的需求变得越来越迫切。清分系统对轨道交通的整体运营管理和自动售检票系统是一套行之有效的解决方案，具有十分重要的意义。

该项目完成后，改变了南京地铁南北1号线AFC系统的结构模式，由多个单线路局域网环境独立运营发展成通过ACC接入多线路统一化运营管理的架构中，目前国家标准、地方标准以及新建的城市轨道交通有关AFC工程方案技术条件等都采用了ACC架构模式，将这些参数以及统计计算功能单独设计一个层级，形成清算层。项目看似简单，但对AFC核心技术发展意义非凡，对熊猫信息AFC技术引进、消化、创新发展的意义就更大。五层架构采用松耦合方式，打破了原先国外厂家的技术壁垒，为各层级软、硬件能够自由选型开放了条件，为各地能够形成统一的层级间接口规范打下了基础，也为有志于AFC专业的诸多国内集成公司提供了统一规范的开放平台。同时，有利于城市轨道交通建设企业择优挑选AFC系统集成商参与工程项目建设，促进市场竞争（fig.4-4）。

南京地铁票务清算管理中心 (ACC) 一期工程主要实现以下8个系统：清分管理系统，票务管理系统，运营管理系统，安全密钥系统，信息管理系统，系统管理系统，测试培训系统，不间断电源、配电及网络等配套系统。

通过完成这一项目，熊猫信息成为国内唯一可以整体提供轨道交通售检票系统规范制定、清分结算系统软件开发、线路

fig.4-4　ACC 系统的构成

AFC 系统软件开发、终端设备供应以及 AFC 系统项目集成和运维服务的全天候供应商。

　　截至 2009 年，熊猫信息在轨道交通自动售检票领域拥有的技术和主要产品有：轨道交通自动售检票（AFC）系统、轨道交通票务清算管理中心（ACC）系统、自动售票机、半自动售票机、自动检票机、便携式验票机、票务处理流程内置的标准读写器和筹码式单程票处理模块等轨道交通 AFC 软、硬件产品。

第 5 章
产学研合作：获得多项知识产权

"熊猫"注重产学研合作，"十年磨一剑"，通过国产化研究，制造机电一体化智能设备，成为亚洲首屈一指的 AFC 设备供应商。

在南京地铁 1 号线项目获得成功以后，熊猫信息把 AFC 作为支柱产业，加大人力物力投入，注重科研，自主创新技术，向着 AFC 系统全部国产化的目标迈进。

经过南京地铁 1 号线项目的磨炼，熊猫信息已经成为国内该行业中的佼佼者。一支熟悉 AFC 技术知识、懂得工程管理、掌握 AFC 设备制造工艺，有信念、敢进取、作风硬、善拼搏的队伍已经形成。

熊猫信息工程师掌握了 AFC 系统数据结构和处理流程，根据市场需求开始优化系统结构，自主开发票务清分管理中心（ACC）系统，引起连锁反应，树立了对系统关键设备功能改进和核心模块技术创新的信心。正值此时，南京地铁王健工程师远见卓识，大胆提出，如果将原来存储在 AFC 系统 LC 中的密钥系统、票务处理流程、运营参数等软件全部集成在票务流程内置读写器（后被业内称为"大读写器"）中，重新设计票务流程规则，可以极大提高重要设备如 Gate 和 TVM 等在 AFC 系统中的通用性和互换性，有利于设备的标准化、系列化，还可大大降低系统设备维护的工作量，意义重大。

南京地铁 1 号线 AFC 系统改扩建项目和南京地铁 2 号线

AFC系统项目的实施，给熊猫信息提供了一个自主研发新型读写器和升级改造TVM（自动售票机）的良好机会。

自主创新线网标准读写器

线网标准读写器全称为通用票务流程内置读写器，是地铁自动售检票（AFC）系统设备上的核心模块之一，它集软、硬件于一身，主要负责票卡的认证、费率计算、扣值、交易数据的生成等地铁系统中最容易发生变化的业务处理工作。引进的AFC系统这些工作通常由设备内部的上位机完成，但上位机内的应用程序复杂繁琐，票务处理流程的易变导致设备应用程序升级成本较高，因此研制线网标准读写器摆上了熊猫信息的议事日程。

以前，包括法国泰雷兹在内的所有AFC系统中的读写器模块，都只是实现了读写卡功能，不含票务流程处理，即票务流程处理业务均由上位机完成。例如乘客进出站刷卡时，第一步由闸机上位机程序通过读写器读取卡片中数据；第二步由上位机软件根据票务流程规定的要求对读取出的数据进行逻辑判断及业务处理，并准备好卡片待更新数据；第三步由上位机程序通过读写器将待更新数据回写到卡片中。因此，乘客刷卡后，读写器只是负责卡片数据的读取与回写操作，与票务流程处理规则无关，换句话说所有的票务流程处理规则均由闸机上位机程序来完成，与读写器中的软件无关。

而根据南京地铁2号线项目的要求，所有的票务处理（TP）

流程都应在读写器中完成，就是说读写器不再只是数据读写、数据存储，还要进行数据处理，如进出站匹配、票价的计算、行程扣费以及整个票务流程执行是否成功等问题，都在读写器内部运行。如此情况下，闸机的控制就变得相对单纯，读写器处理车票判断乘客能否进站乘车，而闸机主要就是根据读写器的处理结果控制门机构将乘客放行或阻止通过。这样的做法有两点好处：一是优化运营管理，将所有票务处理流程都归在读写器中，这样在检查或修改更新时，只需对读写器进行操作即可；二是提高了兼容性，读写器集读写票卡业务和票务处理业务于一身，而且线网统一标准接口，避免了其他线路集成商车站设备与读写器软硬件以及接口的不兼容问题；三是大大提高了AFC主要设备的通用性和互换性，利于降低维修工作量。

此时，随着国内城市轨道交通工程项目的大力推进，城市地铁运行公里数突飞猛进，客流量成倍上升。人流如织，一旦某条线路停运，立即便可成为热点新闻。地铁AFC设备的需求量日益增大，维修替换易损配件的资金在营运成本中所占比例愈来愈大。由于国内引进AFC技术设备五花八门，提高产品的通用性和互换性势在必行，但核心技术却掌握在外国人手中。为了打破外方的技术壁垒，换种思路，另辟蹊径，可能更有发展空间。

南京地铁公司及陈凤敏等专家在1号线建造过程中就开始构思，轨道交通的发展是多线组成网状，必然有无障碍换乘结算问题。南京地铁建设规划的发展，需要跳出原来的AFC系统架构，增加ACC层次，重新划分层次功能，才有利于多线经营核算、客流数据分析和调度管理等，而解决多线运营的设备兼容问题，必须从改造升级读写器入手。熊猫信息在南京地铁1

号线工程的实施过程中，为实现国产化，降低造价成本，解决工程本地化服务、配件互换及便于维护等问题，也认识到必须对 AFC 系统的核心部件读写器升级创新。

南京地铁和熊猫信息双方不谋而合，成为后来南京地铁 2 号线建设的创新点。但国外并没有这些技术应用先例，包括法国泰雷兹。因此，难度很大，极具挑战性。

南京地铁公司立即将创新思路付诸工程实际，在南京地铁 2 号线 AFC 系统项目招标文件中大胆把 ACC 系统的技术要求列入其中，希望将 ACC 系统融入南京地铁 AFC 系统中，并要求投标方在地铁 2 号线 AFC 系统实施过程中，实现 ACC 系统接入，使 2 号线 AFC 系统接受 ACC 系统的统一管理。业主在招标文件中还明确提出：南京地铁 2 号线建设中要将所有票务流程（TP）相关的软件程序都内置在核心模块读写器中。熊猫信息有 ACC 系统初步框架设计基础——IDC 设计开发经验积累，胸有成竹，大胆揭榜技术响应，于是 2007 年 10 月，熊猫信息与南京泰雷兹熊猫交通系统有限公司组成的联合体成功中标南京地铁 2 号线 1 期自动售检票（AFC）系统项目，同年 11 月签订合同。

根据双方分工协议，熊猫信息负责 AFC 系统设备制造供应。熊猫信息最终在南京地铁 2 号线 AFC 项目中争取到了读写器和 TVM 关键设备的独立研发制造权。

产品设计初始，往往都是站在"巨人的肩膀"上，熊猫信息遵守双方协议，与法国泰雷兹协商，但法国泰雷兹认为目前的系统已是最好的，如果按标书技术要求，修改 AFC 系统架构、重新设计读写器，人工与资金投入都很大，南京地铁 2 号线的进度给予的时间又太短，开发成果的成熟度会有问题。另外，法国泰雷兹认为，熊猫信息刚进入 AFC 行业，技术能力不足，还是会主要依赖合资公司法方的实力开发产品，希望增加己方的开发费用——其实他们也不希望熊猫信息参与研发，分走更多利润。协商过程暴露出合资公司在开发国内市场的理念以及经营策略上存在的偏差。

南京地铁公司理解熊猫信息，提出由南京地铁牵头，组织熊猫信息和东南大学进行产学研合作，提出优化方案。方案经过反复论证，确认可行。于是在 2008 年 3 月 20 日，熊猫信息与东南大学开始了票务处理流程内置读写器的合作研发。2008 年 5 月，研发、创新设计读写器正式立项。

由于票务业务的 TP 流程比较复杂，再加上这种做法前所未有，涉及密钥在线和离线以及两者共存对接问题，因此，需要对票卡结构以及读写器硬件结构进行全方位的修改。南京地铁组织熊猫信息和东南大学的专家、技术人员，召开设计联络会，逐步梳理票卡交易流程，并对在南京地铁 1 号线使用的法国泰雷兹的票卡交易软件与读写器软件和各地地铁 AFC 系统现状进行了分析。法国泰雷兹的票卡交易软件不在读写器内，是外置于上位机的。各方专家经过反复研究后，大胆创新，提出将 AFC 票务规则内置于读写器的可行性方案，以便不同线路、不同自动售检票系统供应商对核心业务的处理保持统一，保证轨道交通规范的严格执行。

历时一年多，项目组成员从技术攻关到元器件选型和采购，再到器件性能测试等，做了很多工作。项目组中有多名成员刚从高等院校毕业，进单位不久就参与了该项目的研发。在对元器件进行筛选时，调试人员做了大量的实验工作，十几台机器每台都要做上万次实验，确保稳定可靠。他们放弃了周末休息，晚上还要加班加点，在机器面前往往一站就是一整天，重复着单调的实验。

在南京地铁公司、熊猫信息和东南大学三方专家及项目组成员的通力合作下，通用票务流程内置读写器（业内俗称"大读写器"）于2009年底通过验证，不仅可以与南京地铁1号线的法国泰雷兹读写器实现互联互通，还可应用于1号线南延线其他承包商的设备中。票务流程内置读写器在IC卡读写器与设备上位机软件以及上层系统软件之间提供标准接口，作为一个软、硬件集成的桥梁，完成与上层复杂应用的信息交换；系统升级改造也可通过票务流程内置读写器来完成，保证了系统的统一性和标准化要求。这些预示着读写器的开放性和通用性达到设计效果，实现了方案的目的。

2010年5月8日，熊猫信息首款地铁通用票务流程内置读写器于南京地铁2号线和1号线南延线开通时同步上线使用，为国内外首创。这也是熊猫信息在自主研发方面获得的重大突破。

在南京地铁2号线AFC项目中做出完全属于自己的核心产品，这对于实现AFC系统国产化是又一个很大的飞跃。"大读卡器"实现了读卡器软、硬件的国产化，使得AFC系统又一项重大核心技术实现突破，引领国内AFC专业集成商走向全新的技术空间。

熊猫信息对引进的AFC终端设备中的关键模块读写器重新设计，通过产学研合作，取得发明专利。在此专利技术的支撑下，成功对接南京地铁1号线、2号线、2号线东延线、1号线南延线，以及以后的3号线、10号线、机场线、宁天线等AFC系统，都实现线网运营的统一管理及数据的日常清分，经受住了大数据量的考验，性能稳定，并对国内其他地铁线路 AFC 系统的建设起到了规范和指导作用。

ACC 和"大读卡器"方案使得国产 AFC 系统的网络化建设和运营更加成熟，也加速了 AFC 系统标准化建设的进程，提升了我国 AFC 技术水平，使其超越了国外早期的技术体系，逐步形成领跑行业技术、领先国际水平的新格局。

国产的标准读写器不仅满足了熊猫信息产业承建 AFC 项目的设备需求，还在国内其他承包商承建的 AFC 项目中得到广泛应用。

目前熊猫信息的大读写器已经迭代到第四代产品。第四代大读写器的设计基于核心板易升级、接口底板可扩展的思路，核心板采用低功耗嵌入式处理器作为微程序控制器，接口板设有多个串口、USB 和 RJ45 接口，可支持不同支付技术和不同厂家的支付模块接入读写器中，真正将电子类票卡和实体卡整合统一，实现大读写器对所有票卡的处理（fig.5-1）。

fig.5-1 通用票务流程内置读写器获奖证书

自主创新升级自动售票机

TVM（自动售票机）是地铁自动售检票系统中最复杂的专用设备，结构复杂，技术难度高，涉及面广。TVM 由机箱、纸币处理模块、硬币处理模块、单程票处理模块、储值票处理模块、乘客显示器、乘客操作触摸屏、运营状态显示器、电源、维修面板、维修门等部件构成。南京地铁 1 号线 TVM 使用的核心模块是法国泰雷兹选型的进口产品，价格昂贵，每台整机价格接近人民币 30 万元。

南京地铁和熊猫信息在实施 1 号线建设的过程中都清楚地认识到，要想 AFC 系统国产化，就必须在引进、消化、吸收的基础上，创新设计一些有自主知识产权的核心设备和软件，其中包括 TVM。在南京地铁的支持下，熊猫信息由陆斌总工程师带领，由年轻技术骨干和南京理工大学实行产学研合作，组建 TVM 整机及核心模块研发项目组，投入地铁 TVM 的研发。

当时，国内尚无明确规范的技术标准可参考，TVM 研发项目组就从前沿技术研究入手，认真消化、吸收国外大公司在轨道交通设备软、硬件方面的先进技术规范，并对 TVM 的所有模块进行系统精密的分析和计算。例如，哪些模块可以从国外进口，哪些模块可以从国内买来替代，哪些又可以自己单独制造，并且考虑到大部分软硬件的兼容性问题、经济效益问题和设备的稳定性问题等，包罗万象，千头万绪。由于项目组缺乏实际的开发经验，刚开始时遇到了很多技术难题。但他们借鉴南京地铁 1 号线项目积累的经验以及熊猫多年开发产品的经验，从模块的机械外型设计开始，到模块的基本功能的实现，再到人性化及可维修性设计的改进，最后到性能可靠性试验论证，步步为营，将核心模块的最终设计方案一一确定。他们还按照设计要求，制定出系列化标准，反复测量相关数据，力求精准，其间设计文件机械图、线路图、电路图累积达3000多张。

南京地铁也根据南京地铁1号线在运营中出现的实际问题，提出了多个创新点，如硬币循环使用、筹码式单程票清空等新功能。

参与项目设计的技术人员忘我地工作，最终在充分学习国外先进技术和全面分析国内市场需求的基础上，自主研发了硬币处理模块、单程票发售模块和板级控制单元等核心模块，占领了技术制高点，同时有力地控制了成本、有效地提高了整机产品的市场竞争力。他们坚持把产品可靠性放在产业化的第一位，制定了详细的工厂测试方法、工艺文件和验收标准。为确保产品的可靠性，他们精心选择顶端显示模块、人机界面模块和电源模块（含UPS）等辅助模块，并对其功能进行二次开发，就连线扎、端子等辅材也是优中选优，力求达到最高的性价比。

2008年12月，TVM研发项目组完成了自动售票机的研发；2008年12月5日，熊猫信息自主研发生产的TVM样机顺利通过了南京地铁公司的验收；2009年年初，首台熊猫自动售票机产品一次性通过了江苏省计量院的各项测试认证，得到了业主、监理等各方的好评。

经过近一年坚持不懈的努力，熊猫信息技术人员终于在创新中实现了突破，主要体现在以下几个方面。

首先，熊猫信息与日本高见泽合作创新了硬币循环找零模块。这个模块的重要创新之处在于硬币循环使用功能：乘客购票投入的硬币，将进入循环找零箱，需要找零时，硬币处理模块会优先从循环找零箱中找出硬币。

该模块的很多设计实现了国内首创：多枚投入部的设计——硬币处理模块可实现一次投入多枚硬币，自动对投入的硬币进行分拣，假币识别自动退还；采用高速皮带向上传输，缩短投币口和找零口之间的距离，方便 TVM 整机做人体工程学的设计。

熊猫信息在与日本高见泽合作的过程中，以创新技术为基础，以面向用户的处理流程为导向，并始终坚持产品本地化生产的初衷。熊猫高见泽硬币处理模块由熊猫信息工厂生产组装，样机曾同步寄往日本进行确认，其功能、性能指标经高见泽检测，达到了日本制造的同等水平。

熊猫高见泽硬币处理模块一经面世就得到了地铁业主的认可，既能切实解决运营过程中工作人员面临的频繁换钱箱、卡币解除等不方便的问题，又能提升 TVM 整机的处理性能。在后续国内各城市的招标文件中可以明显发现，"多枚投入"这一功能要求成为地铁 AFC 项目招标文件的标配。

其次，熊猫信息自主研发了筹码式（Token）发售模块。当时国内市场上没有应用成熟的模块，只能自己定制开发。南京地铁 1 号线所选用的筹码式发售模块为法国泰雷兹的产品，经过几年实际运营，地铁运营人员和熊猫信息的维护人员发现了不少问题：没有单独的清空通道，结算特别耗时，需要票务人员一张一张从票箱中发出来；读写器通道只有一个，如果这个读写器天线出现问题，整个模块都会出故障而不能使用；卡票维修不便等。

针对这些问题，熊猫信息选用了具有通道切换功能的筹码弹出器，使模块具有了独立清空功能；并将模块设计成左右对称，集发售、读写、废票处理以及清空功能为一体，实现模块整机左右互备，能随时左右切换功能，长时间提供售票服务；还将筹码式发售模块发售、读写以及废票处理区域的各个通道采用高可靠性能的电磁铁组进行设计，提升了整机的可维护性。

最后，熊猫信息对 TVM 的硬件结构及生产工艺也进行了改进：

1. 优化设计

南京地铁 1 号线的 TVM 采取的是前开门的模式，虽然操作维护方便，但由于前门自身和安装在上面的电器设备很重，易下沉，地铁站务都是年轻的小姑娘，手劲较小，经常因为下沉而开不了门。经多次实验尝试，熊猫信息终于研究出改良办法，并且成功申请了专利。后续的前开门的项目一直沿用此创新，并不断作出工艺改良，大大减少了前开门下坠的故障概率。

2. 创新工艺

TVM 设备表面需要采用不锈钢拉丝工艺，这在前期也难住了项目团队：如用普通不锈钢板折弯制作成型后再手工刷丝，不仅耗费大量时间、制作成本上升，也容易刷丝不一致，影响美观；而如直接采用刷丝板，折弯处的刷丝纹路就会被破坏，重新手工刷丝会产生不一致的感觉，同样达不到业主的要求。经与钣金供应商一起探讨，反复实验，最终发现在折弯磨具上做好防护，可以大大减少对刷丝面的影响，节约了时间和经济成本，一举多得。

2009年8月，熊猫完成地铁测试培训中心自动售票机工厂验收后，在机电仪技术公司严格的质量保证措施下，正式投入大批量生产。2009年9月，由熊猫信息研制生产的地铁自动售票机专用设备，顺利通过了南京地铁、城建设计院和监理公司三方组织的工厂验收测试检查，同时该设备的相关生产计划正式启动，设备硬件、软件、详细接口和系统软件等几个重要环节都相继进行了规范并确认。首批33台自动售票机完成生产制造后，开始进入南京地铁2号线3个主要站点安装联调。

当时，公司已具备了年产1500台的能力，标志着熊猫地铁自动售票机专用设备开始迈入产业化轨道。至今，已研发出便于安装、便于维护的前开门/后开门/复合开门的多种型号的TVM。

该产品荣获江苏省2009年高新技术产品认定证书，并于2010年顺利通过了国家CCC的认证。熊猫信息是国内第一个通过TVM CCC认证的集成商（fig.5-2）。

在完成熊猫第一代自动售票机的研发、设计、生产后，熊猫信息与南京理工大学组建的联合团队对自动售票机的软、硬

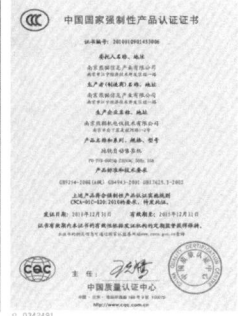

*fig.*5-2　熊猫自动售票机获奖证书

件进行了进一步的研发。2011—2014 年,熊猫信息与南京理工大学合作研发了熊猫第二代自动售票机及功能相关的系列化产品,同时结合多个项目 TVM 软件开发经验和教训,制定了分层式软件体系结构,为后续多项目 TVM 应用软件的并行开发和修订奠定了基础。

这些研究和开发,使"熊猫"的市场竞争力和市场占有率都有了大幅度提高,可以说是闻名国内,驰誉海外!

加大科研力度,硕果累累

熊猫信息不断加大科研力度,由引进、消化、吸收到自主创新发展,用科研指导实践(项目实施),又从实践中发现新的课题来引导科研,二者有机结合、相互促进,不断推动 AFC 行业向着更高更新的水平发展。

此后几年,熊猫信息获得了一系列科研成果和奖励。熊猫信息的产品被列为南京市新兴产业重点推广应用新产品和江苏省高新技术产品;熊猫信息获得多项相关授权的发明专利以及相关软件著作权;熊猫信息多个项目获得各种科学技术奖、发明专利奖等(表2,表3)。

表 2　熊猫信息主要获奖情况表（2006—2018 年）

序号	获奖项目名称	奖项名称	等级	颁奖部门	获奖时间
1	南京地铁 1 号线重大装备关键技术开发与应用	江苏省科学技术奖	二等	江苏省人民政府	2006
2	熊猫信息产业轨道交通清分系统	第十一届中国国际软件博览会创新奖	—	中国国际软件博览会组委会	2007
3	地铁清分和自动售检票系统	江苏省科学技术奖	二等	江苏省人民政府	2010
4	轨道交通 AFC 关键核心技术研发及产业化	中国电子学会科技进步奖	二等	中国电子学会	2012
5	线网客流模型及 AFC 区域中心设计应用	中国电子学会科学技术奖	三等	中国电子学会	2015
6	熊猫轨道交通自动售检票基于区域中心的系统管理系统软件 V1.0	2016 年度江苏省优秀版权作品	一等	江苏省版权局	2016
7	轨道交通收费系统网络化运营关键技术	江苏省科学技术奖	三等	江苏省人民政府	2017
8	基于"熊猫一号通 & 人脸识别"感知技术的智慧城市新一代移动支付体系应用平台	"腾云驾数"优秀软件和信息服务企业	—	江苏省经济和信息化委员会	2018
9	城市轨道交通 LTE 多业务承载应用关键技术	2018 年度中国电子信息行业创新成果盘古奖	—	中国电子信息行业联合会	2018

表3 熊猫信息获江苏省高新技术产品认定证书汇总表（2014—2018年）

序号	产品名称	获奖时间
1	地铁票房售票机	2014.11
2	全自动地铁售、补票一体机	2014.11
3	通用票务流程内置读写器	2014.12
4	基于Android系统的票务流程内置式轨道交通便携式检验票机	2016.12
5	面向轨道交通客流分析与车辆调度的线网模型	2016.12
6	纸币找零模块	2016.12
7	自动售检票AFC系统的区域中心（ZLC）	2016.12

熊猫信息拥有有效专利128件，软件著作权140件。

熊猫信息就轨道交通AFC/ACC系统及关键部件的国产化应用研究，主要包含以下内容：

1. AFC线网技术规范

该规范经过国内多个城市的验证，满足城市多线网AFC互联互通的要求，具有良好的可扩展性。规范完整，易于执行，成功应用于南京、无锡、石家庄、合肥、常州的地铁建设。

2. 票务清算管理中心系统

票务清算管理中心系统（ACC）创新性地通过线网模型，有效解决了系统中票价计算及清分规则的确定；通过客流模型对ACC所收集数据的统计分析，研究乘客的出行规律，应用于地铁列车运行图的制定，合理调度列车的运行。

3. 轨道交通收费系统网络化运营关键技术

主要包括轨道交通收费系统网络化运营标准、线网客流模型、区域中心系统（多线路系统）、票务流程内置标准读写器等。

轨道交通收费系统网络化运营标准：为制定科学合理的城市轨道交通自动售检票（AFC）系统规范，以实现网络化运营条件下各线路间的互联互通和未来系统的接入，主要包括系统架构和业务规程、线网收费策略研究、系统及设备技术要求、票卡应用标准、读写器标准、系统参数化管理标准、数据通信接口、密钥系统等内容。

线网客流模型：主要涉及综合数据仓库的构架及联机分析处理技术，在构建的数据仓库基础上，建立数据分析模型；研究在城市轨道交通中各种因素影响下乘客对乘车路径的选择。

区域中心系统：区域中心系统（即 ZLC，有些城市称为多线路中心 MLC 或 CLC）设计是在线路中心基础上，结合多线路、车站区域的设计理念，实现线路中心统一、协调的管理模式，将多条线路的控制中心纳入同一个区域中心。在不改变基本 AFC 系统架构的前提下，实现了技术模式的切换。ZLC 是对城市轨道交通 AFC 系统在架构上继 ACC 技术创新之后又一次创新（fig.5-3）。

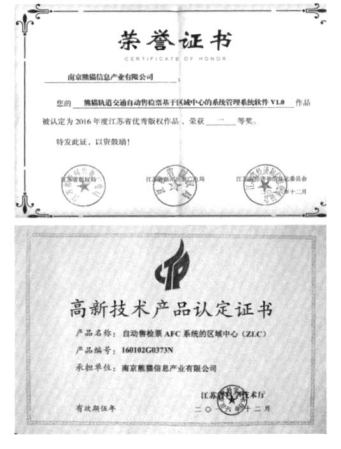
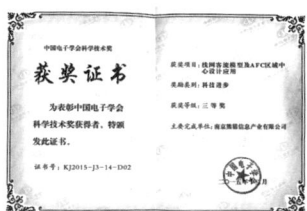

*fig.*5-3　熊猫信息开发的软件系统所获荣誉证书

熊猫信息的轨道交通自动售检票（AFC）系统在区域中心管理系统软件功能上实现了轨道交通区域范围内的设备监控、用户管理、设备管理、数据管理、库存管理、系统管理、参数管理以及运营分析等功能，是一系列面向轨道交通业务应用服务的、全数字化、基于网络和高度集中管理的系统管理平台软件，其核心技术已达到国内领先、国际先进的技术标准。

票务流程内置标准读写器：采用票务流程内置（TP Inside）技术，通过将AFC系统中核心的票务处理业务流程内置固化到标准读写器内部，采用票务流程及交易处理参数化管理技术、RSA非对称算法内置技术，实现票卡信息、交易数据等核心信息安全传输、存储和处理。保证不同设备的核心业务处理一致性，兼容地铁与其他公共交通所有票卡，符合技术规范。

熊猫信息通过产学研合作，"十年磨一剑"，引进AFC系统及其设备制造技术，在业内专家的殷切希望以及悉心指导下，从制造设备机壳起步，埋头苦干，进行国产化研究，制造机电一体化智能设备，成为亚洲首屈一指的AFC设备供应商。熊猫信息生产的AFC设备远销亚洲、欧洲和拉丁美洲，工艺成熟，质量稳定，得到中外客户好评。

结合中国城市轨道交通经营特点和市场需求，在自动售检票系统工程质量验收国标组和中国城市轨道交通协会专家指导下，熊猫信息积极参与《城市轨道交通自动售检票系统工程质量验收标准》《城市轨道交通自动售检票系统技术条件》《智慧城轨信息技术架构和信息安全规范》等国家标准的编撰，与国内同行交流切磋技术技艺。

通过产学研合作，熊猫信息研发出国内第一个有自主知识产权、具有 ACC 五层架构功能的全套 AFC 应用软件系统。AFC 五层架构不仅具备"泰雷兹"系统特点，系统结构更适合中国城市轨道交通 AFC 的"互联网+"发展环境，为地铁线网结构、区域化管理（ZLC）提出开发思路，也为智慧城市交通云平台、大数据应用研究留下空间。

科技是第一生产力。熊猫信息以科技开路，硕果累累，其未来的发展必然充满希望，前景宽广。

第 6 章
成果实施：核心技术行业领先

至此，熊猫信息已经形成了城市轨道交通 AFC 系统解决方案及关键设备研发、生产、供应、安装、调试、维护维修的全产业链，特别是有了一支懂技术、善研发、重质量、肯吃苦、特别能战斗的队伍和能工巧匠。

南京地铁 2 号线项目

2008 年 12 月，熊猫信息为南京地铁 2 号线、1 号线南延线提供的具备完全自主知识产权的 AFC 自动售检票设备样机顺利通过南京地铁公司、城建设计院以及监理三方的验收，各项技术指标达国内先进水平（fig.6-1）。熊猫信息承接的南京地铁票务清算管理中心 ACC 系统经过一年的测试联调和运行完善，已成功接入南京地铁网，进入试运行阶段。在此期间，根据南京地铁城市轨道交通运营优化的需求，也必须将有熊猫信息自主知识产权的 AFC 管理系统和设备贯彻到 1 号线当中。

2009 年 1 月，南京地铁 1 号线全线 16 个站点具有熊猫信息自主知识产权的 ACC 安全密钥、EOD 模块、信息管理系统、FTP 通讯等核心软件系

fig.6-1　顺利通过验收

统改造升级工作顺利完成。经过半年的运行调控，除了个别设备有过微调以外，系统整体性能良好，连续保持平稳运行，证明熊猫信息具有雄厚的研发实力，在国内地铁 AFC 行业中令人注目。

2009 年 6 月，南京地铁 2 号线、1 号线南延线自动检票机 1029 通道、自动售票机 296 台的生产任务全面启动，三季度进入任务攻坚阶段。熊猫信息设备制造中心与承接该项生产任务的熊猫机电仪技术和机电制造两家公司提出了"精心组织，精细工作，大干 180 天，圆满完成南京地铁专用设备装配"的口号，积极迎接即将到来的生产高峰。在机电制造公司的生产车间里，员工们负责冲压、装配，仓库里则排满了加工完成的闸机和 TVM 机壳。每隔一个星期，机壳产品就会被批量送至机电仪技术公司，进行模块安装和最后的技术调试。

南京地铁 2 号线 AFC 系统设备除部分配套元器件外，其核心部件完全由熊猫信息研制和生产，在设备的稳定性和安全性等方面较 1 号线均有较大提升。这不仅降低了制造成本，而且技术需求再不受制于人。

经过数年的发展，熊猫信息在地铁设备制造领域的技术和实力得到有效的提升和巩固。由熊猫信息城市轨道交通技术开发中心、机电制造公司和机电仪技术公司组成的熊猫城市轨道交通装备制造产业链已基本形成。城轨交通涉及机电制造等多个相关产业，有效拉动了熊猫产业结构调整，智能制造成为南京熊猫又一经济增长点。

2010 年 3 月 17 日，南京地铁 2 号线上海路、仙鹤门、经天路三个 AFC 实施项目站点完成设备安装和阶段性调试，正式迎来地铁业主（监理）方验收。此时的施工现场可谓是热火朝天，

*fig.*6-2 崭新的售检票设备整装待发

项目组的员工还在紧张地进行着最后的调试和确认工作，技术人员旁边则是一排排安装到位的崭新的售检票设备（fig.6-2）。

2010年3月底，2号线已有24个站点完成设备安装，像仙鹤门这样已崭露雏形的站点共有18个，另有7个站点完成联调工作。此时，地铁2号线AFC项目已进入最后攻坚冲刺阶段。出南京熊猫301厂区正南门，沿中山东路主干道行驶，每隔一公里就有一个地铁站点，这就是正在紧张施工建设中的南京地铁2号线。AFC项目的技术负责人和他的技术团队，从大年初六就开始紧张穿梭于这条线上的各施工现场，进行TVM设备的安装调试以及项目工程验收工作，基本上每周只能休息一天，每天都要工作10个小时。

按照地铁方提出的四月份开始全线总联调的要求，AFC项目所有的工程都要赶在3月底、4月初完工。随着地铁建设工程的进一步提速，熊猫信息制定了科学、周密的任务计划，努力克服了时间紧、任务重以及地下交叉施工粉尘多、噪声大等不利条件，加班加点，连续作战，确保了一天装配一个站点的任务进度（fig.6-3）。

*fig.*6-3　熊猫人员在安装现场赶工

很快，除个别站点外，大部分站点 TVM 和闸机等主体设备已经安装到位，正在按计划进行调试。包括上海路、仙鹤门、经天路三个站点在内的 18 个站点已顺利通过了地铁业主（监理）方的阶段性审查验收。

这些 TVM 设备都是由熊猫信息自主研制和制造安装的。与 1 号线最大的不同是：乘客在 2 号线上使用这种 TVM 机购票时无需一枚枚投币，可以实现多枚同时投放。还有熊猫信息自主开发的具有独立清空功能的双通道单程票发售技术在国内还是首创，首先在南京成功应用在 2 号线所有 26 个站点，不仅是技术创新的亮点，还进一步提升了设备的可靠性、人性化，大大节约了乘客的购票时间。

全产业链的形成

值得一提的是，在南京地铁 2 号线实施过程中，熊猫信息的干部职工为确保工程质量，从采购、投产、安装到联调，都严格实行规范操作。他们战严寒、斗酷暑，放弃了许多节假日和双休日，拼搏奋战在地铁工地，攻克了一个又一个难关。他们特别能吃苦、特别能战斗的精神受到地铁业主的高度评价。

随着南京地铁 2 号线项目落幕，熊猫信息已经对 AFC 整个系统的设备、票务处理流程、业务构架等方面有了更深的理解，能够利用所掌握的技术手段，优化 AFC 系统架构，设计总体方案，研发系统设备产品，参与行业规范和标准制定。

在此项目中，熊猫信息不仅为 2 号线提供 AFC 设备，还为 1 号线南延线提供了部分闸机设备。同时，在地铁工程建设过程中，熊猫信息明确提出打造精品工程、样板工程的任务目标，技术团队也为此克服了很多预想不到的技术、工艺等困难，高质量完成了各阶段安装调试任务。随着工程进度一步步加快，特别是熊猫信息自主研制的设备完成装配并相继通过业主阶段性验收，熊猫信息的全体员工感到非常骄傲和自豪。

2010 年 5 月，南京地铁 2 号线项目建设完成。熊猫信息在此项目中累计供货：自动检票机 646 通道、自动售票机 287 台、半自动售票机 111 台、便携式验票机 56 台。总之，南京地铁 2 号线沿线 26 个站点的自动售检票系统全部由熊猫信息提供（fig.6-4）。

2010 年 5 月 28 日上午 10:09，南京地铁 2 号线 1 期、2 号线东延线、1 号线南延线正式通车，有 17 万市民兴高采烈搭乘新线。南京地铁方表示，预计未来客流量日均达 100 万人次。次日，多家媒体做了报道（fig.6-5）。

*fig.*6-4　首款自主研制的 *T*V*M* 设备的使用

fig.6-5 2010年5月29日《现代快报》整版报道南京地铁2号线等开通

南京地铁 2 号线的安全运营以及后续工作，证明了熊猫信息不仅有 AFC 设备的生产能力，而且有自主研发的实力。熊猫信息自主研发的票务清算管理中心（ACC）系统、自动售检票（AFC）系统等关键核心技术成功运用于新开通的南京地铁"三线"。TVM 设备及核心模块的创新获得了江苏省的奖项；票务处理流程内置的读写器引领了全国的潮流。参与工程建设的技术人员经过两年多的奋战，创造了"技术精良、工程质量优质率达 100%"的佳绩，南京熊猫信息产业有限公司—南京泰雷兹熊猫交通系统有限公司联合体被南京市委、市政府授予"地铁建设工程有功单位"称号，并荣获"南京市五一劳动奖状"荣誉称号（fig.6-6）。

至此，熊猫信息已经形成了城市轨道交通

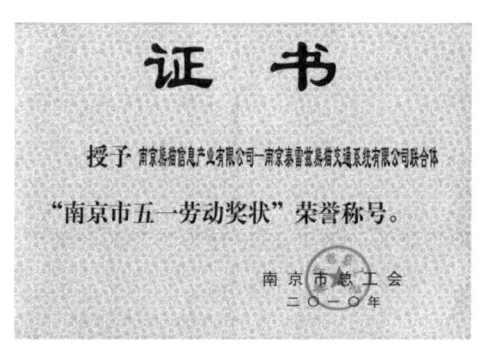

fig.6-6 南京信息荣获"南京市五一劳动奖状"荣誉称号

AFC系统设备研发、生产、供应、安装、调试、维护维修的全产业链，特别是有了一支懂技术、善研发、重质量、肯吃苦、特别能战斗的队伍和能工巧匠。这些既是有价之宝，更是无价之宝，为熊猫信息的继续发展，为她独自应对国内乃至海外市场的激烈竞争并取得成功奠定了坚实的基础。

特别值得称道的是，在南京地铁公司、熊猫信息以及东南大学和南京理工大学产学研合作努力下，在南京地铁2号线使用了具有多个自主知识产权的五层架构系统，即：清分系统（ACC）—线路中心系统（LC）—车站中心系统（SC）—终端设备（SLE）—票卡，并设置了每一层次之间的接口规范。同时，这五层架构系统中各层级软件都可以在线升级，并且实现参数化管理。也就是说，五层架构开放性、兼容性、互换性更好，而且建设、运营成本下降三分之一甚至二分之一，经济效益显而易见。

这种架构的最大意义在于，实现了不同供货商产品之间的互联互通，从长远利益看，增加了产品开放性，有利于保护客户利益。一条线路的AFC项目建设不必再担心：一旦初始选择某一家公司，就会受到技术制约和设备垄断限制。

AFC五层架构的系统解决方案对全国地铁建设项目都有借鉴价值，目前已被列入国家标准（GB 50381）。

独立自主，勤练"内功"

自从在设计开发票务流程内置（TP Inside）标准读写器和ACC软件系统问题上，熊猫信息与法国泰雷兹之间暴露出如何对待中国AFC市场、如何满足客户需求、如何对待现有系统的本地化问题等服务理念的差异后，在国内各大城市地铁项目方兴未艾之际，双方的合资公司在国内市场的业绩却急剧下滑，仅获得北京1号线、2号线、八通线，深圳4号线两地项目。

熊猫信息领导层高度重视这一状况，强烈地意识到：必须摆脱对外资公司的依赖，要独立自主，开拓市场。经合资公司高层商议，双方同意：由熊猫信息接手国内市场，法国泰雷兹则继续拓展亚太市场。从此，熊猫信息开始独立进军国内AFC市场。

2009年，在熊猫公司党委扩大会暨经济工作会议上，轨道交通AFC关键设备国产化被列为公司九大重点项目之一。6月，在纪念建党88周年大会上，公司总经理王宏金在主要产业发展规划报告中再次强调，未来三年，熊猫信息要巩固发展在轨道交通ACC/AFC系统领域的领先地位，力争成为我国智能交通领域具有竞争优势的系统解决方案提供商和专业承包商。

为了能够独立面对中国市场，熊猫信息首先注重练好内功：强化工程经验积累和技术创新总结，完善组织管理机构。熊猫信息先后由王宏金、夏德传和郭庆出任总经理，袁东和陆斌担任总工程师，重点建设"五个中心"——营销中心、研发中心、工程服务中心、设备制造中心、维保服务中心。

根据熊猫信息设计、工艺、生产管理及全面质量管理规程，建立完整的文档管理制度；厘清各部门的职责范围，理顺部门之间的工作流程。

加强队伍建设，一是调用大批有实践经验的技术骨干充实研发队伍，二是从高等院校毕业生中择优录用一批作为新鲜血液。因此，研发队伍迅速扩大至近百人。依靠产学研，打造一支精通专业技术、特别能战斗的科技研发和工程施工队伍。

工程服务中心主要是工程现场施工，这在过去是熊猫信息的弱项，但通过南京地铁1、2号线和1号线南延线工程的设备安装和系统调试等实践，培养出一大批工程项目高级经理。他们了解工程进度管理，为协调项目接口质量，往往吃住在工地。近几年经常有几个城市AFC项目同时开工的情况，项目经理和工程师常在这些城市之间来回辛苦奔波，被人戏称为"有家的流浪汉"。

营销中心是刚组建的部门，为加快市场拓展步伐，承受了巨大的压力。由于起步较晚，熊猫信息将市场策略确定为立足江苏、重点周边、辐射全国，着力拓展苏州、无锡、合肥、武汉等周边城市的市场，开始组建营销队伍。

从集团领导到普通员工都树立了以满足市场需要为理念，坚持体制、机制和科技创新，实现由设备制造供应向系统解决方案转型，以及依托现有产品的转型升级和合资公司的经验，成为从项目建设到运营服务的全系统解决方案的提供商的目标。为了赢得项目，他们四处寻找信息，了解客户需求；为按时完成投标，他们通宵达旦做方案、赶标书是家常便饭，其中的酸甜苦辣自不待说。但是成果也是显著的，仅2018年公司就争取到AFC/ACC项目合同达7.8亿元（不含新型支付改造项目），占国内AFC市场份额18.47%，在AFC行业市场排名第一。

近几年，随着城市轨道交通在全国各大中城市普及，AFC系统也随之延伸，系统维保服务成为新的增长点。熊猫信息维保服务中心依托集团良好的AFC专业开发和建设能力也挂牌成立，主要从事地铁AFC专业的运维服务工作，为市民出行提供保障。

作为生产商和集成商，相对于第三方单位，熊猫信息维保服务中心有明显的优势：对于整个系统有全方位的解决方案，理解和掌控能力很强，具有能力极强的二线支援队伍，能够提供更深层次的服务；有良好的备品备件供应渠道，能够大幅缩短供应时间并降低价格；有齐备的培训体系与条件，所有从业人员均能在上岗前接受完整的培训，全体员工的技能水平较高，可提升服务质量。

熊猫信息的领导层认为，公司在 AFC 行业虽已打下基础，并小有名气，但要独自面对市场，就必须密切跟踪国内 AFC 市场的需求，保持良好的研发势头和技术、设备的持续发展，并注重标准化工作，争取有更多公司编制的产品标准和技术规范能列入国家的行业标准体系，使公司在行业内的影响力、知名度和市场占有率不断扩大。

在南京地铁 AFC 工程项目的实施过程中，熊猫信息对 AFC 行业的技术规范提出了不少建设性意见，有些意见与南京地铁公司的想法不谋而合，更得到了陈凤敏老师的悉心指导。另外，针对国内城市地铁 AFC 项目建设中出现的某些共性的技术和管理等方面的问题，通过住建部立项，各地还组建了《城市轨道交通自动售检票系统技术条件》和《城市轨道交通自动售检票系统检测技术规程》国家标准编制组，目的是参照国外先进的行业标准，积极加强与相关标准研究及制定机构的交流合作，结合国内实际需求，制订可行的专业标准。

熊猫信息积极参与编制组工作，2007 年成为 GB／T20907—2007《城市轨道交通自动售检票系统技术条件》国家行业标准的参编单位，2009 年成为 CJJ／T162—2011《城市轨道交通自动售检票系统检测技术规程》国家行业标准的主要参编单位。在这两项标准稿讨论审定会上，熊猫信息出席会议的代表与来自国内各著名科研院校、行业内一流的专家教授，来自生产一线、经验丰富的企业工程师，以及各主要城市的业主方、系统集成商、设备供应商等，探讨 AFC 行业发展趋势，了解新技术应用动态，进行技术交流和切磋，极大地开阔了熊猫信息工程师的视野。

在会上，熊猫信息代表积极提出本公司在 AFC 工程项目中的经验体会及研发成果，得到许多资深专家的赞许和关注。熊猫信息的许多经验总结和建议被标准采纳，受到业界重视，这说明熊猫信息的核心技术已达行业前沿水平，成为行业的标杆，也意味着熊猫信息在 AFC 系统领域拿到了重要的话语权。

熊猫信息努力推动相关技术标准在企业的运用，博百家之长，取得长足发展。到 2009 年，"熊猫"累计共主持和参与了 23 项国家、行业或地方相关技术标准的制定，其中 7 项标准在当年已发布实施。

第 7 章
更新换代：做实 AFC 全套国产化

这次成功的亮点不仅在于熊猫信息独立完成项目，实现了 AFC 系统软、硬件系统的国产化，更重要的是他们根据南京地铁公司的要求，创新研发出了 AFC 系统的区域线路中心（ZLC）。

第一次独立竞标

随着中国经济的快速发展和城市规模的迅速扩大，城市交通拥堵成为阻碍各地经济发展和改善民生的重要因素，全国各主要城市都把规划建设城市轨道交通作为城市基础建设和改善民生的重要工程。这为从事 AFC 行业的企业提供了广阔的市场和极好的机遇。

但是，由于法国泰雷兹方不能及时适应中国 AFC 市场的需求发展，在南京地铁 2 号线项目完成以后，熊猫泰雷兹合资公司已经失去在国内的影响力。法国泰雷兹不得已退出中国 AFC 市场，而在 AFC 行业崭露头角的熊猫信息做好了独自面对群雄竞争的准备。

熊猫信息在 AFC 行业经历了八九年的磨砺，通过地铁项目的实践，积累了工程施工经验。由于业内专家的指导和业主方给予机遇和国产化要求，通过产、学、研合作的方式，研发出适应国内市场特点和有自主知识产权的票务流程内置读写器——具有中国特色的 AFC 系统重要设备的关键模块；在吸收引进的 AFC 系统架构的基础上，设计出满足 300 万客流运营能力的 ACC 系统整体解决方案，并成功研制了熊猫第一套 ACC 系统；自行设计制造系统大型关键设备 Gate 和 TVM，形成了研发、生产、安装测试、维护维修和销售的全产业链和骨干队伍。

以上这些成绩的取得都离不开法国泰雷兹的合作、支持和帮助，熊猫人对此心存感激。但现在，熊猫信息领导和员工都清楚，要独立参与市场竞争，并独自实施 AFC 项目，就必须进一步提升自主研发能力，完善 AFC 系统软、硬件全套产品国产化；还要使自己的队伍离开了外国专家的指导照样能把工程做好。这不是简单的说说而已，而要经过实践的检验。

这个机会很快就降临了！

2011 年初，为了迎接青奥会，南京地铁公司规划要在 2014 年青奥会前开通 6 条新线。同时，招标"南京地铁奥体中心站至小行站自动售检票系统拆解及改扩建"项目。就这一项目，南京地铁公司明确提出了几个方面的要求。

一是要求更新换代。南京地铁 1 号线经过六年高负荷的运行，故障率明显提高，原系统设备中的进口易损模块备件已经消耗殆尽。因此，要将 1 号线的小行、中胜、元通和奥体等 4 个站与自动售检票线路系统拆解构成独立系统，作为扩建项目，并要求用完全国产化的设备替代原来 1 号线的 AFC 系统设备，将拆解下来的原设备用作 1 号线其他 12 个车站设备的维修件。

二是在项目实施过程中地铁客运不得停运，要无缝切换。

三是要求研发具备控制多条线路功能的 ZLC 系统软件，使

4个站不再设立单条线路的控制中心（LC），进行线路之间的整合，构成独立的系统（现已调整为南京地铁 10 号线的一部分），形成 AFC 系统的区域化管理（ZLC）平台。

四是在拆解及改扩建项目中使用的国产化设备，应能与南京地铁 2 号线中的 AFC 设备互联互容，以验证熊猫信息 AFC 软件系统的开放性（fig.7-1）。

虽然南京地铁公司提出的要求很高，但这是熊猫信息必定要走的路，必定要过的坎，也是在检验熊猫信息经过八九年的努力，是否已经把从外国引进的"他山之石"琢成了富有中国特色的"美玉"。

熊猫信息领导高度重视，为了使第一次独立竞标获得成功，专门成立了由城市交通技术开发中心主要业务骨干组成的攻关项目组，由张建担任项目经理、耿本兴担任项目技术总负责，高申

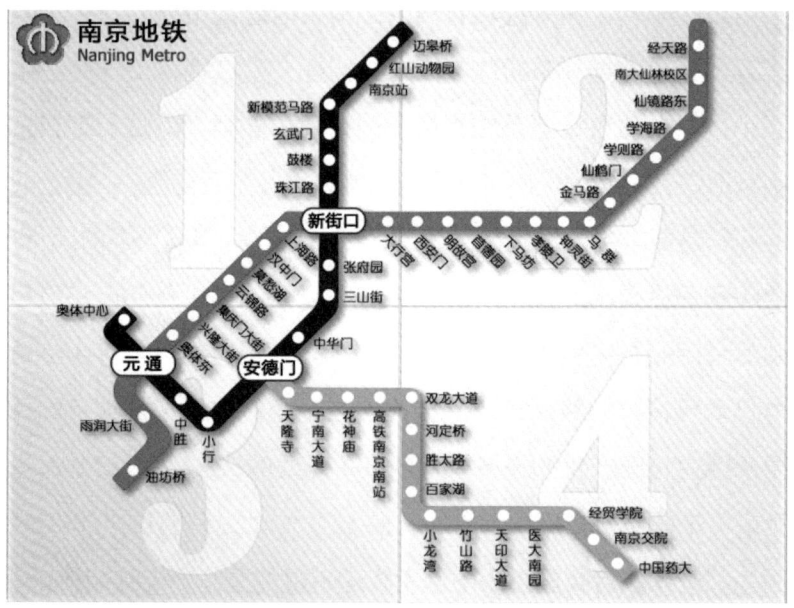

fig.7-1 当时南京地铁 1、2 号线和 1 号线南延线示意图

为系统软件开发负责人、张鹏为设备软件研发负责人、焦科杰为设备硬件研发负责人，在总结以往实施南京地铁项目成功经验的基础上，学习借鉴国内外轨道交通领域的先进技术，并多次组织研发人员与南京地铁方面进行技术交流，经过反复分析测试，在技术上提前预研，拿出了国内领先、具有前瞻性的多线路运营模式参与竞标。

2011年6月，熊猫信息成功中标"南京地铁奥体中心站至小行站自动售检票系统拆解及改扩建"项目。

迎难而上实施国产化

中标后，首先要在该项目中实施AFC系统软、硬件全部国产化。这对于独立承担该项目的熊猫信息来说，技术难度大、工期紧，但他们迎难而上！

按照南京地铁提出的项目实施过程中不得停运的要求，项目采用边施工边运营的轮流施工方式，改造期间新老线路的系统在一段时间内并行工作，既要保证不影响原地铁1号线系统的运行，又要保证新线施工进度。为此，项目团队积极组织人力，对既有线路进行实地勘察，制定了详尽的施工计划及施工中的新旧系统切换方案，对地铁相关部门提出的工程疑点一一解答，对地铁2号线的硬件设备进一步优化设计。项目中所有的软、硬件系统，都用"熊猫"研发制造的产品替换之前所用的国外产品（fig.7-2）。

在南京地铁2号线实施过程中，项目组成员密切跟踪创新

fig.7-2 拆解及改扩建项目样机验收图

五层架构的 AFC 系统和自主研发的关键设备（如 TP 读写器、TVM 等）在实施中的情况，随时准备解决可能出现的问题或发现需要进一步完善的地方。当南京地铁公司提出如何保证国内 AFC 系统信息安全这一问题后，项目组立即响应，与南京地铁工程师讨论，制定方案，组织人员投入研发。

项目组首先分析研究了城市轨道交通自动售检票清分系统（ACC）的主要功能：统一城市轨道交通 AFC 内部的各种运行参数，收集城市轨道交通 AFC 单程票产生的交易和审计数据并进行数据清分和对账，负责单程票的初始化和调配、应急票的制作、进行线路之间的票款清分和客流统计，进行数据挖掘，并辅助地铁各业务部门进行分析决策，同时负责连接城市轨道交通 AFC 和城市一卡通清分系统，规定了对车票管理、票务管理、运营管理和系统维护管理的技术要求。

其次，分析认识到 AFC 系统本身主要有三方面的安全需求：第一，系统自身安全，包含多支付平台的对接问题、多支付手段的接纳问题以及封闭系统和开放系统的对接问题；第二，业务数据安全，包含用户实名数据、账户交易数据、行为轨迹数据、聚合分析数据、用户敏感数据、城轨数据资产等；第三，运营服务安全，城轨是多专业系统协同运转的城市交通基础设施，要做到为提高用户体验不能以降低安全运营标准为代价。这其中业务数据状况相对来说更加复杂，处理起来相对困难（fig.7-3）。

再次，认真分析 AFC 系统两种主要数据传输形式：第一，实时数据（在线数据，采用报文的方式进行通讯），指在某事发生、

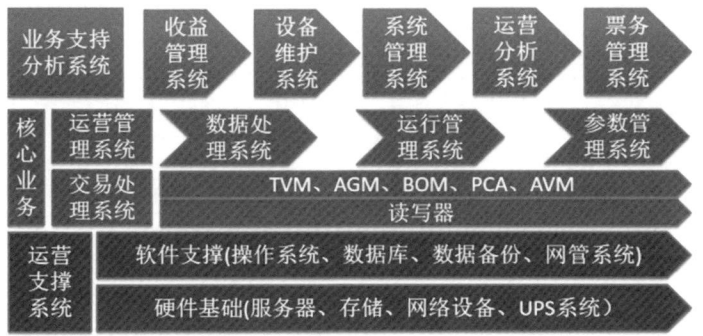

*fig.*7-3　AFC 系统逻辑架构

发展过程中同一时间所得信息的载体，是用于表示客观事物的未经加工的原始素材，在 AFC 系统中主要包含各种监控数据，如设备运行状态、实时客流数据；第二，非实时数据（离线数据，采用文件方式进行通信），指先存储起来延时使用的数据，在 AFC 系统中主要包含设备交易数据。

通过以上分析可知，数据在 AFC 五个架构层中流动时，由低层级向高层级传输数据无需命令控制，但是，由高层级向低层级传输时会出现安全问题，必须有参数设置、命令控制。如下图所示（fig.7-4）。

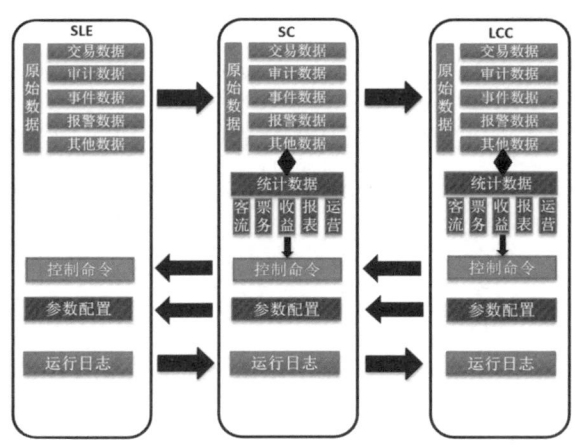

*fig.*7-4　AFC 数据流向图

除此之外，还需考虑系统中涉及的密钥管理、权限管理、系统管理、运营管理、接口管理等问题。

项目组通过综合分析和研究，对上述可能出现的安全问题都逐一采取了措施，以下为安全管理措施结构图（fig.7-5）。

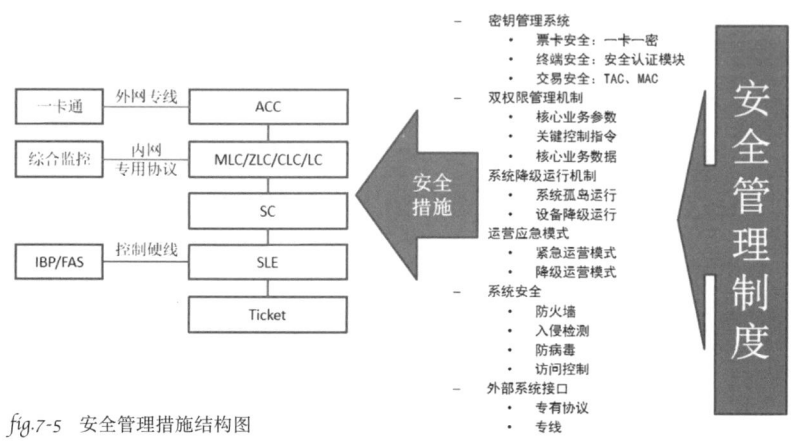

fig.7-5　安全管理措施结构图

这就使得熊猫信息自主设计、开发、生产的 AFC 系统中的核心设备在兼容性、稳定性和安全性上都达到了有机的统一。在国内外市场上，它的性价比都是占优的。

因南京地铁 1 号线 4 站改造的成功，2011 年 12 月熊猫信息中标苏州市轨道交通 2 号线工程自动售检票系统采购项目，这是熊猫信息第一个完整地独立实施的 AFC 项目。虽然前期的南京地铁 1 号线 4 站改造积累了部分经验，但是这种整条线路从底层硬件、车站系统直至线路中央系统的全方位自主研发还是第一次。

现有研发人员已无法满足需要，熊猫信息紧急社会招聘软件开发人员参与项目的实施。由于这是公司真正意义上的第一个 AFC 项目，从公司领导到每一个研发人员都很重视，不放过实施过程中出现的任何问题，大家放弃了所有法定假期，全力以赴，做到解决问题不过夜，频繁地往返于南京与苏州之间，目的就是保证项目成功上线。

由于 AFC 系统调试阶段也正是车站内部施工及装修的强攻阶段，地下环境堪称恶劣，地板还没有完全铺好，空气中弥漫着切割瓷砖产生的粉尘，研发人员只能戴着 PM2.5 口罩进入，一天需要更换十来个口罩。他们饿了就在车站外吃饭，困了就铺上设备包装纸盒平躺在地上，一两张包装纸盒上挤了几个人。就这样，在所有研发、测试、调试等项目人员的共同努力下，苏州 2 号线 AFC 系统提前半年上线。

虽然这是一场硬仗，但是熊猫信息工程师没有退缩，没有人愿意掉队，宁可身上掉肉，也要如期完成任务。从此，熊猫信息拥有了总体网络架构设计、总体系统架构设计、AFC 设备硬件设计、设备软件设计、车站系统设计、中央系统设计等一整套独立自主的技术体系，为后期苏州地铁 4 号线 AFC 系统、无锡地铁 ACC 系统、无锡地铁 2 号线 AFC 系统的中标提供了业绩与技术的支撑。

2012 年，熊猫信息提供南京地铁 3 号线、10 号线 AFC 系统项目及区域线路中心系统项目竞标的全套技术解决方案，该方案被南京地铁评为"可行、可靠、领先"，特别是"基于 B/S 架构的区域中心建设模式"系国内率先提出，获得专家一致好评。南京地铁公司经过多次论证后，最终选择了熊猫信息承担该项目。

由于工期要求，要求南京地铁 10 号线率先开通，为确保南京地铁 10 号线顺利开通，熊猫信息开展"地铁工程大干 100 天竞赛活动"加以推动，最终南京地铁 10 号线自动售检票（AFC）系统项目在 4 月 2 日前完成了所有地铁车站设备的安装、单系统调试和联调、软件测试工作（fig.7-6）。

2014 年 4 月 3 日上午，地铁监理专家和南京地铁公司专家共同对车站系统进行了联调验收，当日，熊猫信息负责实施的南京地铁 10 号线自动售检票（AFC）系统项目顺利通过验收。

南京地铁 10 号线项目中的一个重要任务是将南京地铁 1 号线的 4 个站接入新建的南京南区域中心系统，经过前期的技术开发与准备，在其中之一的中胜站进行了小范围试用，系统表现良好。随后进行 4 个站全接入。与此同时，在南京南站地铁控制中心搭建了一套模拟 ZLC 接入系统，满足后续线路的接入测试工作。

在南京地铁 10 号线 AFC 系统及南京南 ZLC 系统正式开通前，项目组要配合完成 ZLC 系统与 10 号线 AFC 车站系统及 ACC 的对接，完成南京地铁 1 号线 AFC 及 ACC 的系统配置调整，

fig.7-6 地铁工程大干 100 天誓师大会

并将1号线4个车站历史数据、参数等导入新设的4个站的系统。项目团队克服各种困难，针对每个计划节点和施工要求，加班加点，按时保质保量地完成了各项施工任务。

因此，将这4个站的用户数据、系统参数等从原1号线整体中分割出来，成为城市交通技术开发中心割接项目小组首先要完成的任务。

2014年5月31日19点，南京地铁1号线最后一班列车停运，早已待命在现场的割接项目小组立即忙碌起来。首先，AFC工作人员在21点前完成了4个站运营数据的上传与确认，保证当日收益数据的准确性。其次，项目组成员分别对1、2号线、1号线南延线进行线路参数下载，使割接期间停运的4个站在售票界面屏蔽，避免乘客误购。整个分割过程由于预案准备充分，现场指挥有条不紊，南京地铁AFC整个系统切割、重组、无缝衔接和恢复运行，一气呵成，十分流畅（fig.7-7）。

fig.7-7 熊猫员工深夜进行割接工作

2014年6月1日凌晨，项目组完成了所有工作。当天上午地铁运营后，各条线路均工作正常，实现了项目组的预期目标。

完成了1号线分割工作，熊猫信息项目组紧接着就开始了10号线的接入工作。项目组第一个接入的是奥体中心站。

2014年6月1日上午8点半，项目组软、硬件技术人员汇集在奥体中心站，正式进行接入施工。因奥体中心至小行采用原AFC设备，为保证新系统平稳运行，SC服务器系统、工作站系统、终端设备（TVM、Gate、POST）都需安装新的操作系统。大家各司其职，AFC机房服务器安装新线SC软件、票务和监控工作站软件更新、车站网络配置确保与南京南ZLC通信调试正常、站厅终端设备软件更新、设备和系统调试等。经过两天的软件更新调试、网络调整与优化，奥体中心站成功接入南京南区域中心，并入10号线。2014年6月3日至4日，项目组对该站做了各项测试，并对测试中发现的问题进行整改，全力保证接入后的软、硬件设备完全符合新线路的工作需求（fig.7-8）。

fig.7-8 南京地铁 10 号线并入工作

有了奥体中心站接入经验后，项目组又依次对元通、中胜、小行车站进行接入，并于 2014 年 6 月 15 日按时完成了所有接入站的测试与改进工作。

2014 年 6 月 18 日，熊猫信息城市交通技术开发中心南京地铁 1 号线、10 号线割接项目组成员应邀参加了南京地铁公司召开的竣工大会。这意味

fig.7-9　割接完成的闸机

着，连续 16 天奋战在 4 个站现场的割接项目小组圆满完成了所有工作，为保证地铁 10 号线 7 月 1 日顺利开通打下了坚实的基础。

割接工作共持续了 16 天，虽然工作量大、内容繁琐，但整个项目进行得十分顺利，全程没有遭遇一个棘手难题，所有问题都在项目组的可控范围内，这主要得益于项目组扎实、完善的准备工作（fig.7-9）。

在切割之前，项目组就进行了充分的技术准备：一是对 ACC 及线路参数进行了测试、验证与下载，包括线网地图、车站代码等；二是完成系统和设备软件接口的修改，并进行现场验证；三是根据南京地铁公司统一筹划，提前完成 4 个站硬件的改造等工作。此外，项目组还充分考虑了细节，并提前做好了相关准备，包括消化图纸、施工前对各项技术进行交底、制定各类作业指导书、明确工作计划和责任人等。

为了保证此次割接的应急预案全面周到，项目组借鉴了 1 号线 AFC 多次升级改造实际工作中积累的许多经验，并对曾经出现的紧急情况和处理方案进行了整理，建立了知识库。然后，针对此次实施特点，认真分析，形成了完备的应急预案，从而

做到忙而不乱、有序推进，圆满完成了此项工程。

这次成功的亮点不仅在于熊猫信息独立完成项目，实现了 AFC 系统软、硬件系统的完全国产化，更重要的是他们根据南京地铁公司的要求，创新建成了 AFC 系统的区域线路中心（ZLC），验证了熊猫信息在城市轨道交通 AFC 系统领域中的设计思路，进一步推进 AFC 技术的发展。

重中之重 ZLC

在当时的轨道交通 AFC 系统应用领域，线路中心承担着整条线路的控制大脑的作用，意味着每一条线路都需要建立专属的线路中心，其投资成本、运营管理及人力资源的投入均给地铁运营带来极大的压力，局限性十分明显。因此，将线路中心区域化已是发展的必然。再加上软件、硬件、信息存储调用等相关技术的快速发展，区域中心的建设已成为地铁 AFC 系统建设的主流趋势。

一个全面的 AFC 区域中心系统必须是一套整体的解决方案，包含多线路调配、设备监控、数据采集和传输、参数应用、运营管理、系统管理等各个环节的产品。AFC 区域中心管理系统（ZLC）平台也越来越引起人们的关注：平台的好坏直接决定了整个系统的性能表现和后续演进发展能力，一个功能完备、稳定可靠的系统平台对整个系统来说至关重要。特别是近几年来，成熟网络及计算机应用技术的推进，更加速了 AFC 区域中心管理系统平台产品的发展进程。

因此，南京地铁公司在"南京地铁3号线自动售检票系统采购项目"招标书中就提出了研发和实施城市轨道交通ZLC系统管理平台的要求。熊猫信息则根据业主方要求，在多年从事AFC系统的设计经验以及相关施工经验的基础上，开展了对城市轨道交通ZLC系统的研发。

城市轨道交通ZLC系统主要由数据管理、运营管理、日始日终、票务管理、收益管理、维护管理、参数管理、系统管理、运营分析等部分组成，通过硬件和软件平台的搭建为用户提供一系列完整的管理系统功能。ZLC系统管理平台是AFC系统整体解决方案的核心，主要负责设备（闸机、半自动售票机、自动售票机等）的监控与控制，交易数据的生成、传输、结算与审计，以及AFC系统内部设备与软件的管理与控制，通过实时数据的采集，实现AFC系统多线路的统一管理、统一控制、统一存储和统一调度。

熊猫信息发挥自身的技术优势，在设计ZLC系统时，既采用高可靠性集群（HA）技术，有效地保证了业务的连续性，也通过虚拟的服务器集群（LVS）技术实现了服务器的负载均衡。从软件的设计角度来看，ZLC系统采用B/S设计架构，结合JAVA语言及其架构优势，有效地整合了JBOSS、HTML5、JSP、JavaScript、Spring、Hibernate、OSGI等框架技术，实现了前台界面与后台系统的有效分离。ZLC系统在线路中心（LC）基础上，结合多线路、车站区域的设计理念，实现了线路中心统一、协调的管理模式，将多条线路的控制中心纳入同一个区域中心。在不改变基本AFC系统架构的前提下，实现了技术模式的切换。

南京南 ZLC 作为该项目的重中之重，将如何做到一套系统兼容多线路这个难题摆在公司领导和技术团队面前。

南京的 ZLC 系统是结合南京地铁未来控制中心建设规划衍生出来的，目的是在南京四大区域构建各自的控制中心，实现对全市地铁的调度与控制。对于熊猫信息技术团队来说，选择什么样的技术方案及系统架构尤为重要，需要不断开阔视野，吸收新的经验，启发新的设计技术路线，也就需要不断寻找新的合作伙伴。最终在公司领导、地铁公司领导的多次沟通下，选择与一家上海的公司合作，其核心成员均有海外 AFC 项目实践经验，且相关工程师拥有参与国内多条线路 AFC 系统的实施经验。

在各方的努力下，南京地铁 ZLC 系统研发团队组建，由当时熊猫信息总工程师陆斌担任项目总负责。全公司齐动员，发起了一项"大干一百天"的活动，发动技术人员参与项目实施，研发团队放弃了所有周末，谁要是顶不住了，谁就自行休息，能顶得住就继续工作，所有研发人员拧成一股绳，再苦再难也要保证系统上线。

记得那时正是年底，又正赶上中山东路 301 号搬迁，空调暖气无法打开，偌大的房间里虽然安放有一台取暖器，但是室外温度太低，室内依然寒气逼人。就这样研发团队带着任务走过了这个冬天，经过 6 个月的潜心研究，在所有研发人员及测试人员的共同努力下，第一版 ZLC 系统问世，并在实验室完成了单元测试工作。

单元测试完成后，接口测试、集成测试、压力测试、系统测试、144 小时测试等多项测试工作接踵而来，团队人员兢兢业业、认真对待每一步测试，发现问题立刻组织专题会、现场解决，真正做到"问题不过夜"。就这样南京南 ZLC 系统上线，成功地将 10 号线以及原 1 号线的奥体中心站、元通站、中胜站和小行站四个站接入。

随着项目的推进，南京地铁 3 号线 AFC 系统经过前期的大量测试已具备接入条件，如何在生产系统下完成 3 号线的无缝接入？难题又摆在面前：3 号线的接入会不会对现有南京南 ZLC 产生影响？预案与恢复机制是否考虑完善？最终，经过对生产系统的综合评估，在项目组、地铁业主等单位的共同精心准备与安排下，3 号线顺利接入，标志着南京地铁的 AFC 区域控制中心（ZLC）系统正式控制多线路运营，开创了熊猫信息 AFC 系统新局面。

2015 年 4 月，熊猫信息圆满地完成了南京地铁 10 号线、3 号线以及宁和城际 AFC 系统接入及成功上线，区域控制中心（ZLC）的 AFC 系统运行稳定，成为同行业的标杆，其技术水平已达到国际先进、国内领先。全国各城市地铁公司的领导及同仁前来参观与学习，从而将熊猫信息 AFC 系统的科技含量、自主研发能力、行业认知提高到新的高度，为后续熊猫信息在南京地铁、合肥地铁、成都地铁、石家庄地铁、常州地铁、天津地铁等城市 ACC、AFC 系统的相继中标创造了有利的先驱条件。

再回到 ZLC。熊猫信息设计的 ZLC 主要包含以下程序：

1. 设备交易处理：将由车站设备产生的交易文件，包括文件的安全检查、文件异常检查、交易异常检查，解析交易数据并插入数据中心数据库中；最后将设备交易数据向 AFC 票务清分系统（ACC）传输。

2. 设备参数管理：主要处理 ACC 设备参数；处理 ACC 黑名单（黑名单作为独立管理对象进行管理）；处理 ZLC 设备参数。

3. 中央系统通信：在 ACC-ZLC、ZLC-SC 之间收发实时消息；在 ACC-ZLC 之间收发模式命令并向车站广播；建立和维护 ACC-ZLC、ZLC-SC 之间实时通信。

4. 设备通信接口：在 SC-SLE 之间收发实时消息；建立和维护 SC-SLE 之间实时通信。

5. 实时数据库：缓存本 ZLC 管辖范围内所有设备的状态、事件、命令及客流的实时信息；将本地缓存的设备状态、事件、命令及客流实时信息上传至 ACC；将本地缓存的设备状态、事件、命令及客流实时信息保存至 ZLC 数据中心数据库中；提供设备/客流监控的实时通知接口。

6. 库存管理：进行 ACC-ZLC、ZLC-SC 之间的库存移动管理；计算/显示 ZLC 实时库存，生成日终库存汇总。

7. 现金管理：管理 ZLC 现金流；进行 ZLC 现金日终汇总；在 ZLC-SC 之间进行现金数据的同步。

8. 报表：提供其他软件模块没有包含的报表。

9. 数据分析：数据差异分析、客流分析、收益分析。

10. 维修管理：维修系统管理、设备模块管理、备品备件管理、设备故障管理、维修工单管理、维修计划管理、维修报告。

11. 设备/客流监控：此模块监视、管理并控制设备；实时监视设备（汇总和详细）；实时告警和事件管理（响应和表示）；设备控制（单台、设备组）；ZLC 实时客流。

12. 设备管理：操作员设备管理（增加、修改、删除设备）；设备数据服务；向其他软件包提供设备变更通知；设备模块管理。

13. 系统管理：数据库管理、IT 监控（UPS、网络、杀毒软件、存储空间、系统状态等）、用户管理、任务调度、系统自检测。

14. 日始日终：运营日开始系统初始化，运营日结束业务处理。

其中所采用的新思想、新方法和新技术有：

1. 采用 B/S 的系统框架，将后台开发与前端页面设计完全分离，在满足用户需求的基础上积极创新，遵循技术先进、功能齐全、性能稳定、节约成本的原则，采用多模块并行、集中管理的模式，开发了一套基于 B/S 模式的 AFC 区域中心系统平台软件。

2. ZLC 系统采用基于模块化和软件包的思想进行设计。每个软件包都可以独立地被部署和运行，能够独立完成某些系统功能，也可能与其他一些包联合执行某些系统功能。系统开发均采用 JAVA 语言，其跨平台优势，完美地与 AFC 业务系统相结合，真正做到系统与平台无关，为后期系统改造、扩容和移植创造了条件。

模块化的设计理念和并行开发的工作模式，有效地减少了开发周期，简化了管理环节、节约了开发成本。

这次研发，还攻克了多项关键技术：

1. ZLC 系统采用多机负载均衡和高可靠性集群的方式，解决了多线路接入带来的服务器负载过重、交易文件量过大、数据解析时间过长等技术难题，实现了从单线路数据处理到多线路大规模数据处理的完美过渡。

2. ZLC 系统采用 B/S 模式，解决了系统安装、部署工作量大等实际问题，实现了"单点部署，多点登录"。用 JAVA 语言代替 C、C#、C++ 等开发语言，降低了系统平台更换所带来的源码重新编译风险，有效地保证了系统移植的一致性与可靠性。

3. 实时数据库（RTDB）的实现有效地提高了系统的处理速度，解决了大规模数据报文传输过程中，报文处理效率低、应答延时长等技术难题。

4. OSGI技术与ZLC系统的完美结合，解决了应用系统管理繁琐、服务起停顺序要求严格等管理问题，即将应用程序管理与具体业务分离，通过简单命令操作实现对所有应用程序和服务的完全控制，降低了人为操作失误给系统造成的影响。

这项创新成果的价值在于：

1. ZLC系统的实现，将多个线路中心合并成一个区域中心，减少了设备投入，节约了人力成本，提高了管理效率和资源利用率。

2. ZLC系统不再像以往AFC的线路中心系统LC——同一线路只能支持同类设备，ZLC可以在多线路、单线路里支持同类设备的不同子类型，可以对这些不同子类型的设备分别进行运行参数编辑、下载管理，使得AFC系统里的设备多元化、移动、增加成为可能，减小运行成本。

3. ZLC系统在参数下发过程中，引入了测试版和测试回滚的设计模式，使其规避了参数下发失败或数据格式不正确所带来的设备参数版本无法恢复等问题。

4. ZLC系统的多线路管理模式，使得系统在发生故障模式时，做到在多线路运行模式下的无缝切换。

总之，熊猫信息公司秉持网络化、集成化、智能化的理念，采用先进的软、硬件开发技术方案，在不断推动AFC系统软件设施的基础上，加大应用软件的开发力度，通过软、硬件的搭配，来实现不同的应用和需求，使硬件设备更好地发挥其作用。

他们在充分考虑和分析用户需求，为其提供最大的便捷和服务的基础上，开发了完全适用于地铁运营的城市轨道交通 ZLC 系统管理平台。

该平台界面友好美观，操作方便，功能齐全，具有良好的可扩展性。可以实现设备监控、用户管理、设备管理、数据管理、库存管理、参数管理以及运营分析等功能，是一种面向业务应用服务的、全数字化、基于网络和高度集中管理的系统管理平台软件。

ZLC 不仅实现了对单个线路资源的实时监控与控制，还对整个区域中心资源进行统一调度和管理，可有效地降低运营成本，减少重复性的投入，简化管理方式，既满足了轨道交通快速发展的需要，也为地铁运营提供了方便和快捷，还为其相关行业提供了很好的借鉴。

自动售检票 AFC 系统的区域中心（ZLC）科研成果，于 2015 年获得中国电子学会颁发的"科技进步三等奖"；2016 年获得江苏省科学技术厅颁发的"高新科技产品认定证书"和南京市经济和信息化委员会颁发的"南京市新兴产业重点推广应用新产品证书"。

这次成功，可以说是化茧成蝶、凤凰涅槃！

这次成功，使熊猫信息更有信心和能力独闯国内 AFC 全产业链市场和国外 AFC 设备销售市场。

第8章
走出江苏：中标武汉地铁项目

熊猫信息前后用了不到一年的时间，就完成了武汉市轨道交通项目的全部产品从设计、生产到现场安装测试的任务。

打开省外市场

尽管"熊猫"独立走向市场起步较晚，由于采用"稳扎稳打""以质争优"的市场策略，使熊猫信息稳步走向市场，AFC技术日臻完善，在业内影响日趋扩大。

对于"熊猫"人来说，2011年是值得纪念的一年。熊猫信息"十年磨一剑"。十年前，对于熊猫信息而言，"AFC"还是一个陌生的单词。由法国泰雷兹搀扶着，熊猫信息走入国内地铁自动售检票市场，十年来得到南京地铁等业主方的厚爱，获得许多千载难逢的AFC工程项目实践机会。陈凤敏老师等业内资深专家悉心指导，鼓励熊猫信息将国产化道路走到底。与南京高校"产、学、研"合作，共同消化引进的技术，根据国内城市轨道交通AFC行业发展的需求，对AFC系统进行技术创新，研发出有自主知识产权的系统软件和系统关键设备。

经过十年的风雨摔打，熊猫信息发生了脱胎换骨的变化，培养出一支吃苦耐劳、特别能战斗的研发、现场施工、维护技术队伍，成为具备提供AFC全套解决方案、独立完成AFC工程项目、提供 AFC 系统重要设备等能力的大型企业。

2011 年也是熊猫 AFC 发展史上值得书写的浓墨重彩的一年。

在这一年，熊猫信息中标南京地铁 1 号线 4 个车站的改扩建项目之后，3 月又中标武汉地铁 2 号线 1 期、4 号线 1 期和 2 期工程 AFC 系统自动售票机、兑币机、补票机及辅助设备采购项目。这标志着南京熊猫 AFC 系统成功走出南京、走出江苏，开始打开省外市场。

武汉轨道交通项目，由熊猫信息完全独立承接整个工程，负责项目管理、技术总负责、完整设备方案设计，设备供货、安装督导及与其他系统接口协调和技术服务培训等工作。

项目启动以后，熊猫信息的领导本着"客户至上"的理念，将其列为公司的头等大事来抓，从工程方案设计、产品生产调度、产品出厂质量检验，到现场安装测试进度安排等各个阶段节点，多次召开计划协调会，统一调配资源、选派得力人手，凡武汉项目的事，一路绿灯，要求各相关单位和部门通力协作，要把武汉轨道交通项目做成让业主认可、让武汉人民满意的精品工程。

武汉地铁 2 号线 1 期工程线路全长约 27 公里，全线均采用地下线路敷设方式。武汉市地铁 2 号线延长线工程，是在 1 期线路的基础上，分别向北和向东延伸。轨道交通 1 号线延长线在初期和近期与地铁 2 号线 1 期线路共同运行，线路的运行区间为金银潭大道站至流芳站，全长 37.9 公里，设车站 27 座；远期 2 号线延伸线独立运营，运营区间为光谷广场站至高新东路站，全长 20 公里，设车站 16 座。

武汉地铁 4 号线 1 期工程，起自武昌站西边区间的首义路站东端，终点至武汉火车站，1 期工程线路全长 16.482 公里，均为地下线，设车站 15 座，另设铁机路控制中心，青山车辆段 1 座、主变电站 2 座。武汉地铁 4 号线 2 期工程起始于黄金口站，终止于首义路站，连接汉阳和武昌两个城区，线路长 16.745 公里，其中高架线 2.907 公里，地下线 13.585 公里；设车站 13 座，其中高架站 2 座，其余为地下站。

此项目不仅要由熊猫信息独立完成，而且业主方的操作方式与之前所做的项目有很大的不同。以往会将一整条线 AFC 系统的全部内容打包，作为整个项目内容承包出去，如过去武汉地铁公司作为业主方，将 2 号线 1 期、4 号线 1 期和 2 期分包给不同的供货商，每条线路都包含有 TVM（自动售票机）、Gate（闸机）等 AFC 系统主要设备和软件系统。而此次，武汉地铁公司则将这三条线的 TVM、Gate 和 AFC 系统各分成了一个包，也就是说，将一个完整的系统分包给好几家公司来做。

熊猫信息认为这种分类分包的方式不是很合理，不仅由此产生很多沟通问题，还得考虑各家提供的设备之间的连接和融合问题，会给业主方增加好几倍的工作量。不过，也只能服从业主方的操作方式。熊猫信息胸有成竹，希望能利用自己的设备和系统优势，努力争取更多的份额。

经过统计分析，此项目的供货设备包含自动售票机、兑币机、补票机，累计共达近 700 台，而自动售票机（TVM）是 AFC 系统所有设备中货值最大的设备，并且武汉市轨道交通 2 号线、4 号线的 AFC 系统项目中也数自动售票机的标额最大，也是 AFC 系统中所有设备中技术含量最高、制造最复杂的重要设备。此时的熊猫信息已经有了自己品牌的产品，既能做系统，又能做设备，现最终如愿中标，争取到了自动售票机的设备采购项目，就必须一切按业主需求，保质保量按时交付产品。

同一设备三种用途

武汉在地铁2号线、4号线项目之前，没有地铁，只有轻轨，而且武汉最初建造的轻轨还没有自动售检票系统，主要依靠人工售检票。在此次项目交付后才逐步改成了自动售检票。

项目最终要求，将武汉轨道交通1号线原轻轨线路的系统和设备升级，限期各家提供的设备，与现行项目建成的系统及熊猫信息的TVM相兼容，构成一体，使武汉地铁线网构成信息互通、换乘无缝衔接的AFC系统。

武汉地铁2号线创造了很多全国第一，如全国第一条过江地铁线路等，这对熊猫信息项目组是一个全新的挑战。在项目设备上也有许多突破和创新。根据业主的要求，同一硬件平台上通过不同软件实现三种不同设备的所有功能，做到完全的互换性和通用性。自动售票机可以实现公交一卡通充值，并且可以用公交一卡通购买地铁票；既要能找零纸币，又可以找零硬币；单程票和找零归集在同一个输出托盘中；前后维护三门设计、后门刷卡开门等等。如此一来就形成了多种功能集于一身的自动售票机，既可以储值卡充值，又可以实现储值卡、纸币、硬币的购票以及补票和纸、硬币的兑币功能。

武汉地铁2号线、4号线项目要求熊猫信息除了做自动售票机，还要做 TAM（自动补票机）和 BCM（自动兑币机）。自动售票机是放置在非付费区的设备——所谓非付费区就是乘客未付费就可以进入的区域，也就是闸机区域外。乘客要在此区域进行买票，才能进入付费区，也就是闸机内。TAM（自动补票机）作为此项目的创新设备，是为了替代部分 BOM（半自动售票机）的功能。BOM 是在车站中由工作人员进行操作，为乘客提供售票和补票的设备，具备车票查询、车票分析、车票更新、车票替换、车票挂失、补票等功能。BOM 临界于非付费区和付费区之间，既能为非付费区的乘客提供购票服务，也能为付费区内的乘客提供票卡查询、补票等服务。TAM 可以实现的功能和 BOM 类似，与之不同的是 BOM 由工作人员操作，TAM 可以由乘客自行操作。BCM（自动兑币机），顾名思义，就是用来为乘客兑换纸硬币的，也是放在非付费区的设备。

如果有这三种设备的原型机器，只需改造一下即可马上投入生产。但是，熊猫信息并没有 TAM 和 BCM 的原型机器，有的只是自动售票机的原型。其实，熊猫信息要实现 TAM 和 BCM 这两种设备的功能是没有问题的，只是需要重新设计制造它们的外壳模型，而设计外壳模型并不像说起来那么简单，得考虑到很多因素，如兼容性、接口问题、内置部件排布、美观等，何况又是三种不同用途的设备，它们之间的兼容交叉会造成更多问题。

这时，时任熊猫信息总经理的郭庆，凭丰富的经验提出了一个大胆的想法：可不可以用一台设备，同时实现这三种设备的用途呢？

这不是异想天开，而是有充分的实践依据。

熊猫信息在做南京地铁 2 号线项目时，对引进的 AFC 系统的关键设备自动售票机,就考证过国内各地对该设备功能的需求,与院校合作,确立修改方案,对设备主要组成重新布局,使产品接口适用 AFC 系统标准构架,新增新型读写器、硬币处理模块、车票发售模块等功能模块,按照标准化、通用化和系列化要求,使其结构更符合人机工程学。该项技术创新设计和外观设计获得若干国家专利,使得熊猫信息的自动售票机产品拥有了自主知识产权(fig.8-1)。

该自动售票机本身就带有硬币处理模块,所以在机器上实现自动兑币功能相对来说比较简单,只需设计一套软件系统加载到现有软件中就可以实现;而自动补票机的自动补票和票卡查询挂失功能,相对来说比较复杂,涉及与原有功能的兼容问题。如何解决这些问题,大家一时想不出好办法。

这时,郭庆总经理的一句话点醒了大家:这三种功能是要在不同的区域使用的,所以不需要将这三种功能同时开启。可以把这三种功能的软件系统都内置在自动售票机中,需要实现哪种功能就开启哪个软件系统就好了。比如,把设备放在非付费区,开启售票功能,它就是自动售票机;开启兑币功能,它

*fig.*8-1 技术创新获奖证书

就是自动兑币机；把它放在付费区，开启补票、查询等功能，就是自动补票机。

如此一来，只要对已有知识产权的自动售票机（TVM）原型作为标准通用平台设备，根据使用要求，下载不同的应用软件，变换操作界面，稍加改进，就能成为 TVM、TAM 和 BCM。设备标准化，带来了效率和效益，设备硬件的通用性、互换性、可维护性都迎刃而解，研发和加工制造进度大大加快。

2011 年 9 月，研发团队经过创新设计，按照预期时间，完成了第一台为武汉项目研制的自动售票机样机。此后，根据业主提出的不同类型设备具体要求，进行了更改和完善。2011 年 12 月，又完成了 3 台新样机的研制，经过业主对功能、性能指标的测试和型式试验合格并验收确认后，开始批量生产。

武汉轨道交通项目的自动售票机除了功能创新之外，在外观上也有更高的要求。为了使机器投币口的金属件和其他功能口塑料件的光洁度达到一致，熊猫信息在研制生产中反复多次试验。该机器在硬币找零外，还实现了纸币找零的功能（fig.8-2）。

在项目实施过程中，熊猫信息领导和有关部门在人员调配、

*fig.*8-2 熊猫员工调试新版自动售票机

技术支持、后勤保障等方面都作了细致和精准的安排。公司领导还亲临现场指挥协调，给大家加油鼓劲。

根据客户要求，武汉地铁 2 号线各站点的 236 台 TVM（自动售票机）、32 台 TAM（自动补票机）和 52 台 BCM（自动兑票机）设备，在 2012 年 5 月 31 日前要全部交付。面对生产工期短、产品数量多的艰巨任务，熊猫信息的员工从春节后，放弃节假日，平时和双休日都在加班加点抢赶任务。负责生产和调试的机电仪技术公司员工在 4 月初就开始加紧生产，抢赶任务，努力确保按期交货。

熊猫信息前后用了不到一年的时间，就完成了武汉市轨道交通项目的全部产品从设计、生产到现场安装测试的任务。

武汉地铁项目

武汉地铁 2 号线 1 期工程的工期非常紧，到了 2012 年 8 月底，AFC 系统设备才具备上线安装条件，计划 12 月底地铁 2 号线全线试运行。由于工程土建原因影响工程进度，业主要求熊猫信息在 12 月 25 日前完成所有设备安装到位，设备的上电检查、初步调试和车站级联调，接着进行线路级联调、线网级联调、车站级压力测试和各类验收，具备营运移交条件。

近 4 个月的时间，要完成 2 号线 1 期全线 21 个车站的 300 多台类似 TVM 的大型设备要完成包括出厂检验、运输、安装、上电检查、各类测试和综合联调，按以往的经验几乎是不可能做到的。但是为了实现工程整体要求，在保证质量的条件下，熊猫信息项目组科学施工，创新工作思路，以作业指导书形式下达工作任务，严格业务流程标准化；分组并行执行多项任务，提高工作效率；合理用车，节省时间，为加快项目进度创造有利条件。

武汉地铁 2 号线 1 期工程项目所需的设备，熊猫信息逐台完成出厂检验合格后，最后一批于 2012 年 12 月 3 日，才运抵武汉地铁 2 号线车站工地。开通试运营前的各项工作都在有序而紧张地进行：现场项目部组建、设计联络、设备到货验收、样机开箱检查、现场安装与测试验收等，为确保工作质量每一个环节都不能少。武汉项目部共有 10 名从南京本部派遣至现场工作的工程师，大家以大局为重，任劳任怨，经常凌晨 2、3 点还坚守在工作岗位上。

同时，项目部还积极联合其他承包商与业主方充分沟通，盯住工程现场各专业分包进度，一旦具备 AFC 设备安装条件，及时见缝插针，加班加点，将由于现场条件不具备给施工造成的影响降到最低，为系统调试，设备交付争取了更多的时间。各车站施工现场条件较差，粉尘、噪声和电力不稳等给工作带来了诸多困难，但大家没有抱怨，全力以赴，以驻站加机动巡检相结合的方式奋战在各自岗位上。

终于，项目组克服重重困难，把不可能变成了可能，如期完成了系统联调工作，交付客户。武汉地铁 2 号线 1 期于 2012 年 12 月 27 日前圆满完成验收等开通试运营前的各项工作（fig.8-3）。

为宣传公司形象，现场协助、指导乘客使用设备，熊猫信息在开通试运营前 3 天组织了 10 名青年志愿者在 5 个重点站点提供购票引导服务。

2012 年 12 月 28 日上午，武汉地铁 2 号线正式通车试运营。

*fig.*8-3 熊猫信息员工在武汉施工现场工作

武汉市民对地铁的开通期待已久，线路开通运营后，客流量持续增长。开通后 7 日内，共有 274.1 万人次乘坐了武汉地铁 2 号线。熊猫信息提供的自动售票机、自动兑币机和自动补票机设备工作稳定正常。2012 年 12 月 31 日从光谷广场站刷卡进站的乘客约为 72 000 人次，其中使用"熊猫"AFC 设备购买单程票的乘客有约 24 000 人次。光谷广场站高峰时段 13 台自动售票机平均每小时售票约 2136 张，基本上都处在高负荷运转状态。熊猫产品经受住考验，在极限情况下连续稳定工作，表现出良好的性能和品质。

至此，由熊猫信息自主研发的 AFC 系统自动售票机、兑币机、补票机及辅助设备成功运用于新开通的武汉市轨道交通地铁 2 号线 1 期工程。经过近 1 个月的试运营，各产品工作稳定，性能良好，受到业主和广大市民的认可与表扬，为武汉成功迈入地铁时代作出贡献（fig.8-4）。

南京熊猫信息产业有限公司荣获武汉地铁集团有限公司建设事业总部颁发的"武汉市轨道交通地铁 2 号线 1 期自动售检票系

统优秀承建单位"和"武汉市轨道交通地铁 2 号线 1 期项目开通保障功臣单位"荣誉证书及锦旗，熊猫信息武汉项目经理获优秀项目经理荣誉称号，项目部全体人员获得业主表扬（fig.8-5）。

fig.8-4 武汉轨道交通 2 号线站点

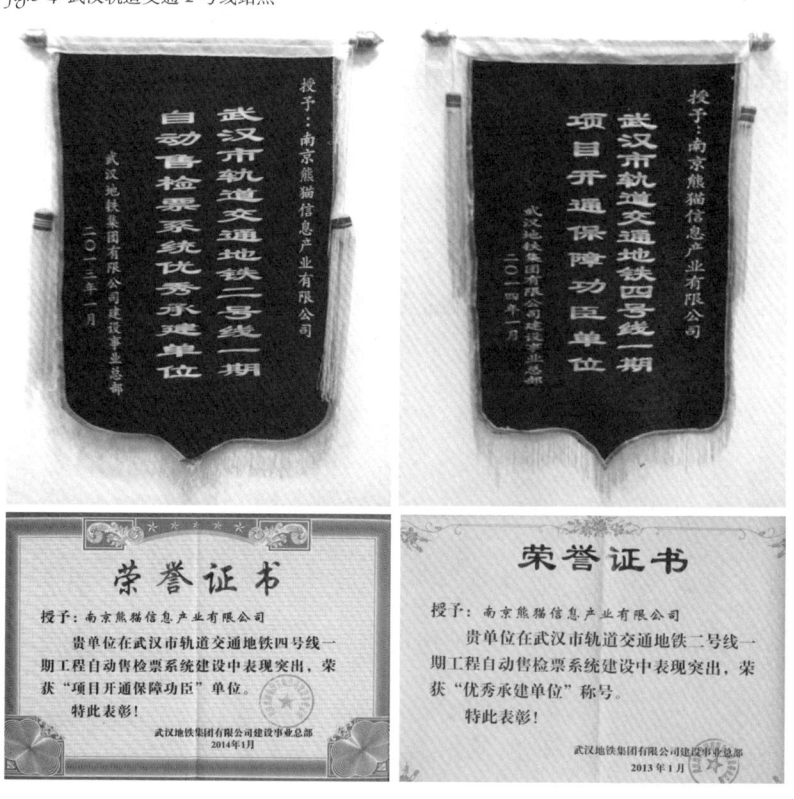

fig.8-5 熊猫信息在武汉项目中所获荣誉证书及锦旗

第 9 章
乘胜出击：一流产品遍布江苏

无锡和苏州项目的完美实施，证明了熊猫信息有着将压力化为动力的积极态度。

熊猫信息承包的南京地铁 1、2 号线 AFC 项目的成功，在江苏省内产生了良好的影响和示范效应。此后，江苏省内的项目纷至沓来，捷报频传。

无锡和苏州项目

2011 年 7 月，熊猫信息中标无锡地铁清分系统采购项目，同年 10 月签订合同。

ACC 作为无锡地铁各线路 AFC 系统协调及对外票务信息服务和管理的主要窗口，代表所有地铁线路向其他部门和单位进行票务事宜的联系和协调工作。ACC 将为各线路统一制定、发行和管理地铁联网专用车票（一票通车票），并负责对各联网线路一票通收益作清算、对账、系统安全定义及有关数据处理等。在正常运营情况下，ACC 对各线路运营起监察作用，并提供协调功能、票务管理、交易清分及交易对账等服务。在紧急情况下，ACC 负责协调各线路的联网运营。

无锡ACC系统将实现无锡地铁1、2、3、4号线路的运营管理、票务清分、协调等工作，远期将过渡到实现整个无锡地铁8条运营线路的清分、协调工作，同时将为新线入网运行提供必要的测试环境和条件，因此，熊猫信息承担的无锡ACC的系统方案、设备配置、网络构架、软件构架均全面考虑无锡地铁初期、近期及远期的清算管理需求，确保系统安全、可靠、高效、稳定地运行。届时无锡地铁AFC系统将实现联网运行，实现城市轨道交通与城市一卡通的结算，实现地铁各条线路之间的清算，实现一票通和一卡通的目标（fig.9-1）。

2012年7月，熊猫信息又中标无锡地铁2号线工程自动售检票（AFC）系统集成项目，同年10月签订合同。

无锡地铁2号线西起滨湖区青龙山南侧环太湖公路的梅园，向东沿梁溪路而下，直至终点安镇西站，共穿越无锡市湖滨区、南长区、崇安区、锡山区和新区等五个城区，全长26.301公里，

fig.9-1 无锡地铁项目部党员联系组

其中高架线 6.734 公里，地下线 19.567 公里（含 U 形槽），共设车站 22 座，其中高架站 4 座，地下站 18 座，平均站间距约 1235.15 米。全线在东端设查桥车辆段与综合基地，在西端设青龙山停车场。

2014 年 6 月 28 日，在熊猫信息工作人员集体努力下，ACC 系统顺利接入无锡地铁 1 号线，紧接着于 2014 年底完成了 ACC 系统与无锡 2 号线 AFC 系统的完美对接，标志着无锡 ACC 项目完美落幕。在此期间，熊猫信息为无锡地铁累计供货自动检票机 517 通道、自动售票机 170 台、半自动售票机 52 台（fig.9-2）。

在无锡地铁项目的实施过程中，熊猫信息还于 2011 年 12 月中标苏州轨道交通 2 号线工程自动售检票系统采购项目，此项目于次年 1 月正式签订。

fig.9-2 熊猫信息无锡地铁闸机生产车间

苏州轨道交通 2 号线总体呈南北走向，线路起于相城区太平车辆段站，终点位于园区星华街站，全长 40.246 公里（其中延伸线 13.79 公里），全线设 22 座车站。熊猫信息负责整条线路 AFC 系统的设计、生产、安装、移交运营、质保维护工作。

这一项目使熊猫信息积累了丰富的地铁 AFC 项目管理经验。在苏州地铁业主的积极配合下，2013 年 12 月 28 日，线路正式开通运营。在此期间，熊猫信息累计供货自动检票机 348 通道、自动售票机 189 台、半自动售票机 58 台。

苏州轨道交通 2 号线的完美运行使熊猫信息给苏州地铁业主留下了良好的印象，紧接着，熊猫信息于 2014 年 4 月中标苏州轨道交通 4 号线及支线工程自动售检票系统采购项目，并于同年 6 月签订合同。

苏州轨道交通 4 号线连接了相城区、苏州古城区、吴中区、吴江市松陵镇等重要组团，是苏州市南北方向的骨干线路，与轨道交通 2 号线共同支撑城市发展副轴。轨道交通 4 号线主线线路起于相城区苏虞张路站，止于吴江市同津大道。全长 42.03 公里，设车站 31 座，均为地下车站。

苏州轨道交通 4 号线支线与 4 号线在红庄站接轨贯通运营，将吴中区越溪城市副中心和吴中区中心城区、古城区联系起来，远期将拆解为 8 号线独立运营。支线长 10.74 公里，共设车站 7 座（不含接轨站），均为地下站。4 号线主线在线路南端设松陵车辆段与综合基地，承担 4 号线车辆的厂架修、定临修以及部分车辆的停放和日常检查等任务，另外，还承担 3 号线车辆的厂架修任务。在线路北端的相城区设元和停车场一处，承担 4 号线部分车辆的停放和日常检查等任务。4 号线支线在吴中区东太湖路以南、龙翔路以西设天鹅荡停车场一处,近期承担 4 号线部分车辆的停放和日常检查等任务。天鹅荡停车场远期将作为 8 号线的车辆段使用。4 号线主线及支线的控制中心与 1、2 号线合建于广济路站的西北侧,为 1—4 号线共用的控制中心。苏州轨道交通 2 号线的顺利开通,证明了熊猫信息已掌握从终端设备到平台系统的全流程独立自主研发,建立了一整套完整的研发体系。随后,苏州 4 号线设计过程中,总结了 2 号线 AFC 系统设计中的不足和缺陷,通过优化设计架构及技术方法,使苏州 4 号线 AFC 系统得到了进一步完善和升华。

其实,在此前后,熊猫信息在无锡、苏州、武汉、南京等地有七个标的在同时施工,任务重,压力大。但熊猫信息一鼓作气,多方出击,连战连胜。在南京地铁 1 号线 4 个站的改扩建项目、武汉地铁项目及无锡地铁项目先后完工后,苏州轨道交通 4 号线项目也在 2017 年 4 月建设完成。

无锡和苏州项目的完美实施,证明了熊猫信息有着将压力化为动力的积极态度,在 AFC 建设中已经形成了良好的方针政策,标志着熊猫信息在 AFC 建设能力中又一步质的飞跃。

做精 AFC,发展新领域

在圆满完成南京地铁 1、2 号线 AFC 项目后,南京熊猫信息产业有限公司中标信息接踵而至,喜事连连。2012 年 3 月,除南京地铁 3 号线、10 号线工程自动售检票(AFC)系统供货和服务项目中标外，熊猫信息与两家公司组成联合体又一举拿下南京地铁3号线通信系统总承包项目订单。

此时，我国有30多个城市在建设地铁，而地铁通信系统以总承包形式进行招标已成为一种新趋势，这在北京、上海、广州、深圳等几大城市已有成功的先例。南京地铁也是第一次以总承包的方式进行招标。南京熊猫信息凭借在国家通信领域的雄厚实力，一举中标地铁通信系统也在情理之中。但是，此次中标对熊猫信息而言意义重大：熊猫信息不仅在国内城市轨道交通AFC领域享有名气，也因为3号线通信系统项目实现了在地铁通信领域零的突破，为今后在地铁通信领域的新拓展打下了坚实的基础，为移动终端通信技术在AFC系统中融合发展做了铺垫。

南京地铁3号线工程通信系统总承包项目合同于2011年12月签署，包含了专用通信与公安通信两个部分，是为地铁运营所需各系统提供可靠的传输通道；为地铁工作人员提供内部、外部联络的通信手段，为地铁运营调度指挥列车运行、下达调度指令、列车运营、电力供应、日常维修、防灾救护、票务管理等提供指挥的专用通信工具；为地铁公安应急指挥通信、应急通信、服务乘客及传递公安部门各种信息提供网络平台。

该项目于2015年4月1日投入运营。熊猫信息通过此项目的执行，专门成立轨道交通一部（轨道交通二部继续从事AFC项目）从事地铁通信工程项目，由总工程师袁东负责组建，目前已建成一支拥有50多人的高效、可靠团队。在随后的几年内，熊猫信息城市轨道交通通信业务项目发展到省内的徐州、苏州、无锡、南通，及省外的深圳等城市（fig.9-3）。

2012年4月25日上午，南京地铁3号线、10号线工程自动

*fig.*9-3 南京信息拓展地铁通信领域

售检票系统（AFC）采购项目以及南京地铁 3 号线工程通信系统总承包项目签字仪式在南京国际会议中心举行，南京市市委领导，中国电子集团、中电熊猫集团、南京地铁公司等各级领导出席了签字仪式（fig.9-4）。

这是南京市与中国电子集团进行战略合作的又一标志性成果。

南京地铁 3 号线是南京市迎青奥的重点工程项目。3 号线起自京沪普铁林场站附近，沿线经过江北浦口区，江南下关区、玄武区、白下区、秦淮区、雨花区和江宁区等重要片区，终点位于江宁区的秣周路站。线路自北向南依次贯穿市"一城三区"重点规划发展地区，北段服务跨江客流，南段为沟通南站、东山新市区与主城间的客流走廊。线路全长 44.882 公里，其中高架段 2.095 公里（含过渡段），地面线 0.392 公里，地下段

fig.9-4　南京地铁3号线、10号线项目签字仪式

42.395 公里。全线共设 29 座车站，除林场站为高架站外，其余 28 座车站全部为地下站，平均站间距为 1574 米。设林场停车场和秣周车辆段各一座。控制中心（ZLC）规划在南京南站附近。

为了保质保量完成工程项目，熊猫信息全力以赴，最终实现供货自动检票机 609 通道、自动售票机 366 台、半自动售票机 115 台，顺利完成项目。2015 年 4 月南京 3 号线实现全线试运营。

南京地铁 10 号线共设站 14 座（其中新建车站 10 座，既有车站 4 座），其中新建换乘站 3 座，分别在安德门站与 1 号线、珠江东站与 11 号线、绿博园站与 9 号线衔接换乘。除小行站为高架外，其余均为地下站。线路全长 21.6 公里。线路起自安德门站，与 1 号线换乘，站北端预留延伸条件，出站后线路沿安德门大街向南前行，下穿 1 号线南延线后继续向西敷设，与既有 1 号线接轨。10 号线新建一座城西路停车场，厂架修，定临修送 1 号线小行车辆基地。新建一座珠江东主变电站。控制中心利用既有的珠江路控制中心进行改造。项目累计供货自动检票机208通道、自动售票机134台、半自动售票机43台，并如期圆满完成。

2013年1月，熊猫信息中标南京宁天城际1期工程自动售检票系统采购项目。宁天城际轨道交通1期工程（以下简称宁天城际）线路全长为45.2公里，南起大桥北路站，北至金牛湖站，共设车站17座，地下站6座，高架站11座。宁天城际在线路中部设大厂东车辆段一座，在八百桥预留一座停车场，线路中心设在大厂东车辆段内的信号楼（控制中心与信号楼合设）。在大厂东车辆段设有本线路的AFC综合测试培训中心、综合维修基地。本工程共有3座换乘站，分别为大桥北路站（近、远期与11号线换乘）、泰冯路站（初、近、远期与3号线换乘）、雄州站（远期与14号线换乘）。项目累计供货自动检票机360通道、自动售票机216台，于2014年8月完成（fig.9-5）。

2013年3月，熊猫信息新签订《南京至高淳城际轨道南京南站至禄口机场段工程自动售检票（AFC）系统项目终端设备采购》供货合同，提供整条线的自动售票机、自动检票机、半自动售票机、便携式验票机及相应运营辅助设备。项目累计供货自动检票机223通道，自动售票机116台。

2014年2月，熊猫信息中标南京河西新城快速公交（1号线）工程自动售检票系统项目。河西新城快速公交工程1号线连接新城中、南部片区，起点位于地铁2号线奥体东站区域，终点位于新河路中段。线路主要沿江东路发展轴布置，线路走向为江东中路—江东南路—红河路—新河路，全长约7.76公里，全部为地面线路。线路在江东路敷设于中分带内，在红河路、新河路敷设于

fig.9-5a 南京宁天项目经理现场照片

fig.9-5b 南京宁天线开通时现场设备

第 9 章 乘胜出击：一流产品遍布江苏

路侧绿地内。全线共设车站 13 座，平均站间距 638 米，其中与地铁换乘站 4 个。本线设车辆基地一处，位于扬子江大道与新河路交叉口东北侧地块内。全线 13 座车站中，岛式 11 座，侧式 4 座。采用人行过街横道集散的车站有 6 座，采用地下通道集散的车站有 6 座，元通站同时具备人行过街横道和地下通道两种方式。合同累计供货自动检票机 52 通道、自动售票机 26 台。

2014 年 10 月 31 日中午 12 点许，南京麒麟科技创新园快速公共交通工程（1 号线）（以下简称麒麟有轨电车）正式开通运营，熊猫信息承建的麒麟有轨电车 AFC 项目建成并投入试运营，运行情况良好，受到业界专家的好评。

据熊猫信息麒麟有轨电车项目负责人介绍，南京市麒麟有轨电车起点位于马群综合客运枢纽，线路沿马群南路、芝嘉东路和沧麒东路敷设，沿线跨越绕城高速公路、宁芜铁路和仙西联络线，途径百水芊城社区、南湾营、麒麟商务区、中央公园以及王五庄等区域。全线长约 8.95 公里，其中高架段 1.02 公里，地面段 7.93 公里，共设 13 个站。麒麟有轨电车 AFC 系统由闸机、便携式验票机、紧急按钮、中央计算机系统组成。该工程自动检票系统采用单一票价制，实现城市交通一卡通的应用；检票方式类同南京公共交通系统，采用刷卡或投币收费，无售票类设备。

麒麟有轨电车是熊猫信息继南京河西有轨电车后承建的第二条有轨电车 AFC 项目，自 2014 年初开工建设，项目历经设计联络、生产供货、安装调试、单位工程验收、竣工验收等各个阶段，过程曲折艰难，工期一拖再拖。项目组成员克服种种困难，在每一个站点认真安装调试，常常加班加点，甚至通宵达旦解决疑难问题。5 月份以后，工程重新启动并加速进行，项目组与业主保持紧密沟通，按照新的工期节点要求，积极推进实施。功夫不负有心人。在 10 月 25 日试运营评审总结会上，专家组特别对麒麟有轨电车 AFC 项目给予充分肯定，一致认为其具备开通试运营条件，同意该项目通过试运营评审。

南京城东麒麟片区公共交通资源匮乏，麒麟附近依赖地铁出行的人群换乘是个大问题，无论是自驾还是公交，都有堵车等不确定性，麒麟有轨电车的开通就是为了解决这个大问题。尽管该项目规模较小，预算不足，为解决南京城东地区公共交通瓶颈，急老百姓所急，不忘进入 AFC 行业的初衷，感恩家乡养育之情，熊猫信息毅然承接项目，克服困难，按期履行合同。熊猫信息 AFC 项目在麒麟有轨电车工程上的成功应用，有力地推动了南京城东麒麟片区轨道交通的发展。

2014 年 5 月，熊猫信息中标南京地铁 4 号线 1 期工程自动售检票（AFC）系统供货和服务，同年 6 月签订合同。

南京地铁 4 号线线路全长 44.45 公里，其中 4 号线 1 期工程为中保站—仙林东站，全长 33.75 公里，高架和地面部分 1.48 公里，地下线 32.27 公里。2 期工程为珍珠泉—中保站，全长 10.700 公里。1 期工程设站 18 座，其中换乘站 9 座。4 号线在浦口区设采石场停车场（2 期工程），在仙林新区设青龙车辆段。控制中心设于灵山站附近。项目累计供货自动检票机 382 通道、自动售票机 245 台、半自动售票机 73 台，于 2017 年 1 月开通运营（fig.9-6）。

2015 年 7 月，熊猫信息中标宁和城际轨道交通 1 期工程自动售检票系统。宁和城际轨道交通 1 期系统建设符合 "ACC－ZLC（LC）－SC－SLE－票卡" 五层架构体系要求，在项目设计过程中，严格按照 ACC 制定的线网 AFC 技术标准进行系统

fig.9-6a 南京地铁 4 号线设计联络会现场

fig.9-6b 南京地铁 4 号线终端设备样机验收现场

fig.9-6c 南京地铁 4 号线开通当天灵山控制中心查看运营数据

设计，AFC 系统票务管理及票种扩展完全满足。

在建设宁和城际轨道交通 1 期运营系统中，以计程制为基本票制，以计时、计次制为辅助票制。票种的设置将方便票务体系的扩展和多种收费制度的建立，还预留其他票种自定义，并可接受南京城市交通一卡通的车票。严格执行 ACC 下发的系统参数，接受 ACC 的统一监控，实现与 ACC 的顺畅衔接，保证线网 AFC 系统的可靠、安全运行。

宁和城际轨道交通 1 期采用基于非接触式 IC 车票的自动售检票（AFC）系统。系统建成后，满足网络化运营的要求，实现城市交通一卡通和轨道交通一票通。宁和城际轨道交通 1 期 AFC 系统工程建设包括 1 座控制中心、18 座车站、1 座测试中心、1 座培训中心、1 座综合维修基地和 4 个维修工区及近、远期的扩展预留。包括为满足宁和城际轨道交通 1 期工程汪家村站与既有 2 号线油坊桥站实现付费区无障碍换乘，既有 2 号线油坊桥站 AFC 系统需进行的部分改造工程费用。项目累计供货自动检票机 273 通道、自动售票机 109 台、半自动售票机 60 台，于 2017 年 12 月开通运营。

2016 年 8 月，熊猫信息中标南京至高淳城际轨道禄口机场至溧水段工程自动售检票（AFC）项目，同年 11 月签订合同。

该线起自宁高城际 1 期工程禄口机场站，经溧水柘塘新区、溧水开发区，至溧水城区，是联系南京中心城区与禄口机场、溧水区的市域快速轨道交通线路，也是溧水地区与主城快速联系的主通道。线路全长约 30.161 公里，其中地下线 10.822 公里，高架线 17.831 公里，过渡段 0.797 公里，路基 0.711 公里。全线共新设 9 座车站，其中 5 座地下站，4 座高架站。全线利用宁高

fig.9-7 宁溧项目单位工程验收图

1 期禄口新城南主变电所，新建无想山主变电所 1 座。全线设车辆段 1 座：溧水车辆段；本线与 3 号线、5 号线、宁高 1 期（机场段）、宁和城际、宁高禄口新城南至高淳段（S1）共 6 条线共享南京南控制中心。项目累计供货自动检票机 130 通道、自动售票机 56 台、票房售票机 30 台，于 2018 年 5 月开通运营（fig.9-7）。

2019 年 6 月，熊猫信息又成功中标南京地铁 7 号线工程所需自动售检票系统（AFC）项目和南京地铁 1 号线北延工程自动售检票系统（AFC）项目。

业务覆盖常州、徐州

2017 年 3 月，熊猫信息中标常州市轨道交通清分系统集成采购项目，至此，熊猫信息已承担 5 个城市的 ACC 系统建设。

针对常州的现状，围绕客户的理念需求，设计将常州轨道交通 ACC 作为整个常州轨道交通线网 AFC 系统的发卡中心、清分中心、数据中心和运营管理中心，其建设目标如下：

1. 统一管理和下发常州市轨道交通各线共同的票务及系统参数，对各线 AFC 系统运营进行统一监控、调度和管理。

2. 统一管理常州市轨道交通 AFC 系统密钥和票卡编码分拣设备，发行轨道交通各类票卡，实现轨道交通各线路一票通。

3. 统一完成各线交易数据的采集、分析和处理，进行运营收益（包括在降级运营模式下的运营收益）清分，生成报表。

4. 统一完成和外部系统（如常州城市一通卡、江苏省城市公共交通一卡通、银联、移动运营商、网络电子支付等）的数据交换和管理，进行相应的收益清分，实现常州市轨道交通各线路 AFC 系统与常州城市一卡通系统、江苏省城市公共交通一卡通系统的一卡通用。

5. 制定和不断完善常州市轨道交通线网 AFC 系统的技术标准规范，并负责监督、检验该标准在常州市轨道交通已建、在建及待建线路 AFC 系统中的贯彻实施。

6. 制订 ACC 的运营管理方案，至少包括组织机构、人员配置、工作职责等方面内容。

熊猫信息坚持为客户着想的服务理念，通过合理规划设计方案精心施工，完美达到了上述建设目标，得到了业主的表扬和好评。

2018 年 11 月，熊猫信息再次中标常州市轨道交通 2 号线 1 期工程自动售检票（AFC）系统采购项目。

常州市轨道交通 2 号线 1 期工程线路全长 19.79 公里，地下线长约 18.230 公里，高架段长约 1.238 公里，过渡段长约 0.322 公里。2 号线 1 期工程线路自青枫公园站始，至五一路站止，共设 15 座车站，其中 14 座地下站，1 座高架站。全线有 5 座换乘站与线网其他 5 条线形成换乘，平均站间距离 1.38 公里。设丁堰车辆段 1 座；在茶山站附近（与 1 号线共享）和丁堰车辆段内各设主变电站 1 座；控制中心接入 1 号线茶山站附近拟建线网控制中心；在文化宫站、紫云站分别设与 1 号线、6 号线间联络线。

根据常州轨道线网总体规划，轨道交通 2 号线将在 1 期工程的基础上进行两端延伸，暂定规模为西延约 11 公里、设置 6 座车站，东延约 6.4 公里、设置 4 座车站。

随着城市轨道交通 AFC 工程项目经验的积累，熊猫信息的服务理念愈来愈贴近市场，贴近客户。

2018 年 7 月，熊猫信息中标徐州市城市轨道交通 2 号线 1 期工程自动售检票（AFC）系统集成采购项目。项目累计供货自动检票机 386 通道、自动售票机 123 台、网络售票机 48 台、半自动售票机 83 台。

徐州市城市轨道交通 2 号线 1 期工程线路长约 24.25 公里，设站 20 座，平均站间距 1.25 公里，全部为地下站。1 期工程共设换乘站 7 座。在线路起点茅夹铁路以南、华润路以西设新台子河停车场 1 处，与起点站新台子河站接轨；在徐州新区故黄河以东、京沪高铁以西、线路以北地块内设新区东车辆段与综合基地 1 处，与 1 期终点新区东站接轨。全线设主变电站 2 处，联络线 1 处，为淮塔东路站与 3 号线相连。设主变电站 2 座，分别位于七里沟站附近、新城东车辆基地。

多个城市多个项目的圆满完成，充分体现了熊猫信息的实力，也见证了"熊猫"在 AFC 行业由引进、吸收、消化、创新，逐步走向成熟，成为国内一流的 AFC 系统供应商，为国内轨道交通的创新发展起到了不可小觑的促进作用。

第 10 章
逐鹿神州：在全国多地开花结果

一年 365 天，5 个城市、7 条重要线路顺利开通，熊猫信息 AFC 团队与时间赛跑，以技术取胜。这一年注定是熊猫信息轨道交通 AFC 系统最不平凡的一年。

2011 年至 2018 年不到十年的工夫，由熊猫信息承包的十多个项目的完美落幕，无不印证着熊猫信息已成为成熟的城市轨道交通 AFC 系统解决方案设计师、系统集成商和关键终端设备制造供应商。自武汉之后，熊猫信息逐鹿全国多个城市，屡屡中标，不断创造着完美的工程和广泛的口碑，不仅闻名江苏，而且驰誉神州，远播海外。

直跨两省，石家庄创造"三个第一"

2014 年 8 月，熊猫信息中标石家庄市城市轨道交通自动售检票系统清分中心（ACC）工程项目，并于同年 10 月签订合同。

石家庄市轨道交通自动售检票清分中心系统工程是与 1 号线 1 期、3 号线 1 期 AFC 系统工程同步实施。该清分中心系统承担地铁 1 号线 1 期、2 号线 1 期、3 号线 1 期的票务运营管理（另预留 3 条线接入）、内部清分以及与石家庄市一卡通清分中心系统之间的接口和清算。当后续地铁线路建设时，后续线路需再接入该清分中心系统，由其负责整个路网内各条线路AFC系统的运营管理、内部清分以及与石家庄市一卡通清分中心系统之间的清算工作。

ACC清分中心系统作为石家庄市轨道交通全线网AFC系统协调及对外票务信息服务和管理的主要窗口，代表所有轨道交通线路向其他部门和单位进行票务事宜的联系和协调工作。ACC将为各线路统一制定、发行和管理轨道交通联网专用车票（"一票通"车票），并负责对各联网线路一票通收益作清算、对账、系统安全定义及有关数据处理等。在正常运营情况下，ACC对各线路运营起监察作用，并提供协调功能、票务管理、交易清分及交易对账等服务。在紧急情况下，ACC负责协调各线路的联网运营。

合同签订后，熊猫信息就积极响应业主要求，严格履行合约条款，按工程实践积累形成业务规范流程，首先组建项目部，召开双方第1次和第2次工程设计联络会，与业主共商工程进度节点以及技术关键，制定详细推进计划，落实双方责任。公司各部门对项目的进展按计划分解，责任到人，相互配合，从不推诿。公司领导先后多次前往石家庄与地铁方的高层领导积极沟通，为项目的执行创造良好的环境。在第1次设计联络会召开后不久，项目总工为响应业主要求，很快针对项目的开发任务制定了工作任务分工表（WBS），将工作任务分解到个人。他还不顾旅途劳顿，先后多次前往石家庄参加各种技术专题会和标准讨论会。都是为了能为石家庄地铁ACC项目的建设交出一份满意的答卷（fig.10-1）。

*fig.*10-1　石家庄轨道交通项目设计联络会

　　石家庄地铁 ACC 项目工程推进前期很顺利，意想不到，在建设后期，由于土建和装修进度严重滞后，导致施工现场条件恶劣，给 AFC 设备的安装和调试工作带来极大的困难。在城市轨道交通工程中，往往 AFC/ACC 系统是"断后"工程，而系统调试和测试却来不得半点马虎。任务重、时间紧，尤其在集成测试阶段，熊猫信息现场工程师为赶工期夜以继日，近 3 个月没空回家，节假日也从不休息，几乎每晚都要工作到 10 点以后，现场经常出现戴着安全帽打着手电筒进行设备调试的场面。就是因为有许多像这样无私奉献的"熊猫"员工，才使得石家庄地铁 ACC 项目能顺利以高质量如期交付（fig.10-2）。

　　2017 年 6 月 26 日上午 9 时，石家庄市轨道交通 1 号线、3 号线正式试运营。随着石家庄市领导发出启动发车指令，列车缓缓开动。由熊猫信息承建的石家庄市城市轨道交通自动售检票系统清分中心工程全面助力石家庄市迈入地铁时代。

*fig.*10-2　石家庄轨道交通项目竣工验收会

石家庄市地铁开通试运营创造了"三个第一"：河北省第一个开通地铁的城市；国内第一个同时开通两条线路的城市；国内第一家开通当日便能使用交通部城市交通一卡通的城市。因此，其技术实施难度非常高。熊猫信息工程技术人员刻苦攻关，研发出各种新技术，并在地铁 ACC 系统中加以应用，确保石家庄地铁顺利开通运营。

开通试运营当日，市民乘坐地铁的热情极为高涨，累计进出站总客流超过 30 万人次，进出站刷卡总量超过 25 万人次，熊猫信息承建的 ACC 系统经受住了考验。

石家庄地铁 ACC 系统，是继南京、无锡、合肥之后熊猫信息承建开通的第 4 个 ACC 项目，再一次完美诠释了熊猫信息在轨道交通 AFC 领域的技术实力，标志着熊猫信息已成为国内一流的轨道交通 AFC/ACC 系统集成商。

合肥地铁三个项目

在熊猫信息中标石家庄 ACC 项目后一个月，2014 年 9 月，公司再次传来一个好消息，中标合肥市轨道交通 1 号线 1 期、2 期工程 ACC 系统集成项目及 1、2 号线读写器和票卡采购项目，并于同年 11 月签订合同。这是熊猫信息首次中标合肥的地铁项目，承包此项目标志着"熊猫"ACC 系统将融入合肥地铁。这是"熊猫"AFC 发展史上又一大进步。

合肥 ACC 项目工程与 1 号线 AFC 系统工程同步实施。在计划中，清分中心系统承担地铁 1、2 号线的运营管理（另预留 3 条线接入）、内部清分以及与合肥市城市交通一卡通中心之间的接口和清算。当后续地铁线路建设时，再建立轨道交通全路网 AFC 清分中心系统，由其负责整个路网内各条线路 AFC 系统的运营管理、内部清分以及与合肥市城市交通一卡通之间的清算工作。

熊猫信息在经历了多个 ACC 项目之后，已经有了充足的经验和能力，尽管每个城市的地铁都有其特点，比如卡的类型、接口的选择，还有地理位置的变化，都已经难不倒熊猫人。在进行合肥 ACC 项目时也遇到了不少艰难险阻，都被项目组人员一一克服。

2016 年 12 月，合肥 ACC 项目终于建设完成并正常运行，顺利接入合肥地铁 1 号线。在项目运行期间，熊猫信息多次与业主方沟通，并得到了业主的认可。与此同时，合肥地铁业主规划已久的 2 号线也渐渐浮出水面。

2015 年 11 月，在不断努力下，熊猫信息中标了在合肥的第二个项目，即合肥市轨道交通2号线自动售检票系统集成与安装，同年12月签订合同。

合肥地铁2号线西起南岗站，东至三十埠站，线路全长27.08公里，均为地下线，共设24座车站，是一条东西方向的骨干线，连接老城区、高新区、科学城，引导和促进高新区和科学城的发展，它的开通标志着合肥真正跨入了地铁换乘时代。

合肥市地铁2号线自动售检票系统采用非接触式IC卡，实行封闭式的票务管理。该系统按轨道交通清分中心、线路中央计算机、车站计算机、车站终端设备、车票等五层架构进行设计。系统不仅应满足合肥市轨道交通2号线工程运营和管理的要求，同时还要考虑远期工程的延长或调整需要。清分主中心设于控制中心；清分中心异地容灾系统设于2号线蜀山车辆基地。

在技术方面，为满足市民乘车需求，熊猫信息在合肥地铁2号线的AFC终端设备实现具备闪付功能的金融IC卡乘车功能，乘客可持IC卡直接刷闸机进站，无需购票，具有方便、快速、免密的特点。

随着"互联网+"的发展，电子支付也逐步应用到地铁行业。在开通来临之际，应地铁建设单位要求，要实现二维码购票功能。此时距离开通时间不足一个月，要完成软件编写和系统集成，难度相当大。在公司的统一部署下，项目团队迎难而上，从方案制定到现场实施，马不停蹄加班加点，提前完成了该项任务，展现出过硬的技术实力和能打硬仗的基本功，得到地铁业主的交口称赞，为公司赢得了声誉。

另外，在项目的建设过程中，熊猫信息还与第三方合作，对语音购票功能进行了研发，实现了TVM语音购票功能。乘客只需通过语音选择目的地站点、购票张数，再通过现金或手机扫码完成购票支付。合肥轨道交通首开全国先河，创新推出语音购票服务功能，地铁业主对此项研究成果十分满意，并在开通仪式上让市民试用体验，为市民购票方式多样性开辟了一条新路。

2017年12月26日，合肥地铁2号线正式开通运营（fig.10-3）。此条线共包含自动检票机463通道、自动售票机205台、半自动售票机54台。

合肥地铁2号线与1号线形成"十"字形线路骨架。至此，合肥正式告别单线运营，跨入"多线建设双线运营"阶段。

一年365天，5个城市、7条重要线路顺利开通，熊猫信息AFC团队与时间赛跑，以技术取胜。这一年注定是熊猫信息轨道交通AFC最不平凡的一年，开通项目最多，外地项目最多，辗转城市最多。

合肥地铁1、2号线的完美落幕，博得了业主的信任，在2018年8月，熊猫信息又一次中标合肥的项目：合肥市轨道交

fig.10-3　合肥地铁2号线开通运营

通3号线工程自动售检票系统集成与安装项目。至此，熊猫信息的 AFC 系统完全融入了合肥地铁的线网之中。

熊猫系统进入更多城市

石家庄和合肥的项目完美落幕，受到了业主和业内专家的连连好评，熊猫信息的实力、业绩和声誉也因此引起更多城市的关注和青睐。熊猫信息在全国各地不断中标。

2016 年 4 月，熊猫信息中标成都地铁 7 号线工程自动售检票系统招标项目，同年 6 月签订合同。

成都地铁 7 号线是由内环和外环组成的环形线路，沿线串联了火车北站、火车东站、火车南站三个重要交通枢纽，并与城市快速轨道交通和市域轨道交通放射线形成换乘关系。7 号线线路全长 38.61 公里，全为地下线，设地下车站 31 座，其中换乘站 18 座，有三站（成都东客站、琉璃场站、太平园站）是三线换乘站，平均站间距 1.246 公里。全线设川师车辆段与综合基地 1 座，设崔家店停车场 1 处。控制中心与地铁 5、6、8 号线合设于 7 号线崔家店站旁。全线一共包含自动检票机 640 通道、自动售票机 260 台、票房售票机 60 台。

成都地铁 7 号线除了常规购票进出站外，还实现了互联网购票、天府通充值功能。2017 年 12 月，7 号线顺利开通，系统设备运营平稳，表现优良，得到业主单位一致好评。

2017 年 5 月，在天津市地下铁道集团有限公司组织的天津地铁 1 号线东延至国家会展中心项目自动售检票系统设备采购及服务项目招标中，熊猫信息在多家竞标企业中脱颖而出，一举拿下标的。

这一项目包括全线 11 座车站、1 座车辆段、1 座控制中心的 AFC 系统软件设计与硬件设备供货。天津是北方重点城市，因此，熊猫信息对该项目十分重视。自年初招标公告发出后就开始准备，积极和业主沟通，了解用户需求，配合完成招标文件补遗澄清，并加班加点完成投标文件的制作。最终，凭借自身较强的综合实力和实践优势成功中标。天津市地下铁道运营有限公司总经理王路萍与熊猫信息项目团队见面时表示，"熊猫"是国内知名企业，此次成功中标实至名归。

天津地铁 1 号线东延工程是既有地铁 1 号线的东部延伸线，西起津南区双林站，东至津南区双桥河站，连接中心城区与海河中游地区。项目工程范围由双林至咸水沽北站，预留咸水沽北站至双桥河站一站一区间。天津地铁 1 号线东延正线全长 15.879 公里，项目工程正线全长 14.393 公里，全线共设车站 11 座，均为地下站。新建双桥河车辆段一处，在段内设维修及培训中心。项目累计供货自动检票机 157 通道、自动售票机 64 台、票房售票机 30 台。

该项目的中标和实施完成，对熊猫信息轨道交通市场开拓而言意义非凡（fig.10-4）。熊猫信息以此为契机，发挥在天津轨道交通市场中标的影响力，争取后续项目，力争在北方市场取得更大的业绩。

2017 年 10 月，熊猫信息中标天津轨道交通 9 号线自动售检票系统改造工程设备及采购服务。

*fig.*10-4　天津地铁 1 号线东延线开通日现场

该项目于 2017 年 11 月启动，要求在 2018 年上半年开通。工期之短，任务之艰巨，超越了熊猫信息以往任何一个承接项目。

该项目的 AFC 项目是一个在线改造项目，分为两个施工阶段。第一阶段为 5 月底前全线 21 座车站采用半封闭形式对各站的半个站厅进行升级改造，要求实现旧设备替换、升级、更新全套 AFC 应用软件以及京津冀一卡通互联互通，达到可对外载客运营；第二阶段为 9 月底前对另外半个站厅的改造，除实现第一阶段要求外，还需实现二维码、银联卡过闸、购票等多种新支付功能。这是熊猫信息在轨道交通领域有史以来实现功能最多、最全和工期最短的一个在线改造项目，为熊猫信息开创出一项新的记录。

熊猫信息天津项目组接到任务后，充分消化吸收项目进度、技术要求，积极调配各方资源，高度统一思想，要在半年后开通这个项目的目标深深地印在每一个项目组成员的心中。他们合理分工、协同作战，争分夺秒，先后完成了设计联络、样机验收、部件采购、设备量产、软硬件开发、集成测试、安装调试、测试验收等工序（fig.10-5）。

3月上旬，施工单位进场施工，项目真正进入现场实施阶段。一批批熊猫信息的售票设备陆续运至现场，加快了4月的工作

fig.10-5 天津项目组成员奋斗在一线

节奏，现场施工单位的流转给他们的工作面一天天在增多。为提高工作效率，项目组在线路车站设立临时办公场所，集中办公，团队凝聚力空前强大，车站俨然已成为一座战斗堡垒。

项目组全体成员开足马力，哪里有工作，哪里就有熊猫信息人的身影。忙碌的身影在车站随处可见，有的穿梭于闸机、自动售票机间进行设备调试测试，有的快步于机房和站厅间进行网络调试配置，有的在为解决一个技术问题愁眉思索……谁都不想因为自己的问题而影响到全局。现场忙碌的场面深深地感染和鼓励着每一个人。

不到一个月，全线21座车站的设备上电调试均已完成。期间，软件研发与测试人员功不可没，一旦现场出现问题，他们立即查找原因，修复问题；同样，调试人员也是得到解决方案后，就立刻投入现场。到后期，为了完成当天任务，他们几乎通宵在现场处理，以确保项目的整体进度。正因为他们这种孜孜不倦、精益求精的工作风格，熊猫信息才能在短暂的时间内，迅速将各类软、硬件修改定版并最终上线，为天津轨道交通9号线的开通奠定了扎实的运营基础。

2018年6月2日，天津轨道交通9号线在万众瞩目和殷切期盼下顺利通车。车站客流正常、次序井然，各类售票终端设备运行良好，驻站保障人员精神饱满、服务热情，为设备系统的正常运转保驾护航（fig.10-6）。

天津9号线的顺利开通，再一次体现了熊猫信息的集体力量、智慧和拼搏精神，也再一次验证了熊猫信息AFC系统的成功和升华（fig.10-7）。

2018年7月，熊猫信息又中标成都轨道交通A标（5号线1期、

2 期；9 号线 1 期；17 号线 1 期；18 号线 1 期、2 期）自动售检票项目。

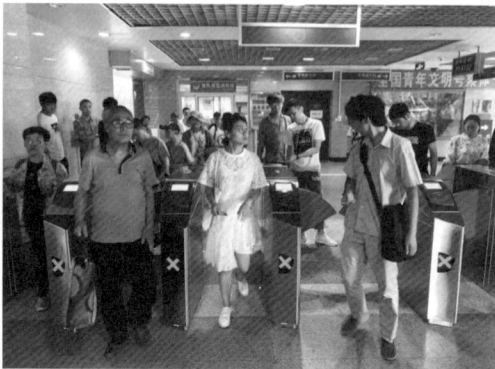

*fig.*10-6　天津轨道交通 9 号线项目开通场景

*fig.*10-7　天津轨道交通 9 号线开通时项目组成员集体合影

第 11 章
高新科技：创新产品频出

人脸识别是人工智能的眼睛，"熊猫一号通＆人脸识别"技术通过对人脸识别技术和手机移动通信技术的研发与掌握，为人工智能领域中产品的研发与创新扫清了"谁是谁"的技术难关，为熊猫信息将来在人工智能领域的发展迈出了坚实的一步。

纵观熊猫信息 AFC 行业的发展历程，从与法国泰雷兹合作组成联合体开始，踏入城市轨道交通 AFC 行业，再通过南京地铁 1、2 号线 AFC 工程项目引进、消化法国泰雷兹的技术，一路风尘十多年，在业内专家的悉心指导下，消化学来的技术，并根据国内市场的特点和要求进行自主研发，对 AFC 系统中的软、硬件都作了改进创新，设计制造出具有中国特色的 AFC／ACC 系统，并经过了市场的反复检验，获得了成功。

近年来，科技不断发展，大数据、云平台、人脸识别、"互联网＋"等成为科研重地和热门话题。同时，人类的生活方式也有了很大的改变，比如支付方式，随着银联卡、移动支付的出现，现在的人们都趋于不带现金出门，只需"手机扫一扫"即可付款购物。为了适应形势的发展，赶上时代潮流，熊猫信息根据多年积淀以及对 AFC 行业的理解，依托智能机电一体化和通信技术以及人才优势，在 AFC 系统领域继续寻找创新点，寻求技术突破，做了很多前瞻性的研发，如：基于交通部一卡通技术标准的研究与应用；基于银联闪付技术标准在 AFC 系统中的研究与应用；基于云平台票务系统的研究与应用等。利用二维码、生物识别（人脸、语言、指静脉等）、NFC等新一代交互支付技术与传统的 AFC 系统进行融合创新，为城轨企业乘客服务再上一个台阶夯实了基础，也为城市轨道交通 AFC 系统解决方案的创新发展打下基础。

交通部一卡通在南京地铁首次实现互联互通

2002～2005 年，在南京地铁 1 号线建设期间，南京地铁根据市政府要求与市民卡公司联合采用支持住建部密钥体系的 NXP Desfire 卡作为南京一卡通介质，实现了城市内公共交通一卡通。

2012 年 7 月，住建部主导的全国城市一卡通互联互通项目正式开通，实现了 8 个城市一卡通的互联互通。熊猫信息在其中发挥了重要作用。

2012 年 12 月，国务院颁布《国务院关于城市优先发展公共交通的指导意见》（国发〔2012〕64 号），指导意见提出："十二五"期间，进一步完善城市公共交通移动支付体系建设，全面推广普及城市公共交通一卡通，加快其在城市不同交通方式中的应用，加快完善标准体系，逐步实现跨市域公共交通一卡通的互联互通。

2014 年 3 月，为深入贯彻落实《国务院关于优先发展城市公共交通的指导意见》和交通运输部的实施意见精神，加快推广普及城市公共交通一卡通并实现跨市域互联互通，交通运输部编制了《中华人民共和国交通运输行业标准（JT/T 978-

2015）：城市公共交通 IC 卡技术规范（试行）》（以下简称"技术规范"），决定在江苏、广东、吉林省组织开展技术规范的验证工作，为实现城市间公共交通互联互通做技术准备。

2014 年 7 月，江苏省人民政府发布《省政府关于进一步落实城市公共交通优先发展战略的实施意见》，为了更好地满足人民群众出行需求，要求切实改善城市公共交通条件，全面落实城市公共交通优先发展战略，实施江苏省城市公共交通一卡通，又称"全国交通一卡通互联互通工程"，到 2015 年，全省城市公共交通一卡通基本实现互联互通。

所谓江苏省城市公共交通一卡通，是指符合交通运输部技术规范要求的票卡，由各地市市民卡公司发行，可以在公交、地铁、轮渡等公共出行场合使用。它是一张集成电路卡，内有高科技芯片，具有电子钱包及其他功能，可储存多次付款纪录，亦可反复充值使用，卡面特征具有"交通联合"字样的标识图片。它与我们日常使用的市民卡虽同为集成电路卡，却遵循不同的规范体系，因此在互联互通方面，南京市民卡中成人不记名卡只支持南京、镇江、扬州、淮安等公交、地铁的互联互通，而江苏省一卡通支持互联互通的城市更多，功能更强大。

2014 年 7 月，熊猫信息正式开展江苏省城市公共交通一卡通互联互通在地铁行业的关键技术论证工作。经过一段时间的测试与论证，熊猫信息在南京地铁使用的票务流程内置型读写器实现了对江苏省一卡通票卡在地铁应用的关键操作。总体认为，南京地铁所采用的标准读写器满足使用江苏省一卡通的硬件条件，以此为基础经过相应的技术改造，南京地铁清分系统、线路系统、区域中心系统、车站系统、终端设备等即可具备使用江苏省一卡通票卡的可行性，并提出江苏省一卡通的使用会涉及国家及交通运输部和江苏省等发布的相关标准规范，省内应由省交通主管部门统一制订地方性技术规范，规定各市的公交、地铁，市民卡公司、地铁公司等在发行交通卡和业务交易过程应遵守统一规则，地铁建设、地铁运营及公交公司、经营承包商单位等凡要在城市公共交通一卡通平台上进行业务交易和对帐清分必须依规执行。熊猫信息作为江苏地铁 AFC 系统建设承包商之一，希望在项目实施过程中简化对外接口关系，成立一个专门的项目管理组织，协调项目执行过程中的配合问题；尤其在后期实施过程中，改造全部集中在已运营系统中，很难做到对客运工作没有影响，因此需要地铁运营大力配合，尽可能多地开放施工窗口，并做好现场的客流疏导工作。

经过 2014 年的试点论证，交通运输部于 2015 年 5 月 21 日正式发布技术规范等 7 项交通运营行业标准，并于 7 月 15 日正式开始实施。为此，江苏省将城市公共交通一卡通列为 2015 年十件民生实事之一。2015 年 6 月底，熊猫信息、南京地铁和南京市市民卡公司三家单位就江苏省城市公共交通一卡通在南京地铁应用项目达成合作意向，计划在 2015 年 12 月底前对有条件的线路完成所有层级的改造，对于部分施工条件不具备或系统、设备老旧的线缆，每个车站至少完成一个进出通道的改造，确保江苏省一卡通在南京地铁的正常进出，到 2016 年 6 月底前完成南京地铁所有剩余线路的改造工作。

南京地铁江苏一卡通改造项目属于地铁正线技改项目，均为夜间施工，具有周期短、难度大、风险高的特点，范围涉及南京地铁 1 号线、2 号线、3 号线、10 号线、S1 机场线、S8 宁天城际线的终端设备软件、车站系统软件、线路系统软件以及南京地铁 ACC 清分系统软件。熊猫信息项目团队制定了周密计划，通过周例会制度定期检查进度、梳理协调问题，不断推进项目进度，完成了各项实验室测试、正线单台测试、单站测试，截至 2016 年 6 月，已完成全线 2519 台闸机改造工作，满足了项目进度的要求。

7 月 26 日，在南京地铁 3 号线南京站举行了全国交通一卡通互联互通仪式。在仪式上，江苏公共交通一卡通有限公司总经理肖震宇宣布：全省共有 3295 条公交线路、26 条 BRT、10 条地铁线、3 条有轨电车、690 个公共自行车站点、6 条轮渡、25986 辆出租车均可以使用交通一卡通，方便了群众的出行和换乘；随着南京地铁闸机通道的改造完毕，包括江苏 13 个地市在内的城市公共交通一卡通与北京、天津、石家庄、保定、包头、长春、蚌埠、厦门、泉州、青岛、重庆、咸阳等 41 个城市实现了互联互通。接着，省交通运输厅副巡视员蒋振雄宣读了交通运输部的贺信，对南京地铁、熊猫信息、南京市民卡公司在全国交通一卡通互联互工程中做出的贡献表示感谢（fig.11-1）。

*fig.*11-1 南京地铁全面实现交通部一卡通互联互通

与此同时，熊猫信息还承担了无锡地铁 ACC 系统、无锡地铁 2 号线、苏州地铁 2 号线的江苏省城市公共交通一卡通改造项目。

随着交通部一卡通在江苏公共交通领域的全面覆盖，完成了对交通部城市公共交通 IC 卡技术规范的全面验证，为交通部后续在其他城市的试点及推广提供了宝贵的借鉴经验。该技术规范涵盖了 IC 卡结构、读写方式、接口要求、密钥安全等方面的内容，可有效解决目前城市公共交通一卡通标准杂乱、各系统间不能联通、无法实现大规模推广应用等突出问题（fig.11-2）。

熊猫信息研制交通部一卡通在地铁 AFC 系统中的应用主要包括以下内容：

1. 清分中心（ACC）：对清结算接口、参数管理系统、交易管理系统和读写器进行更新。

2. 线路中心及车站系统（LC/ZLC/SC）：对票种相关统计数据、存储过程的设计。

3. 车站终端设备：对自动检票机、半自动售票机进行更新。

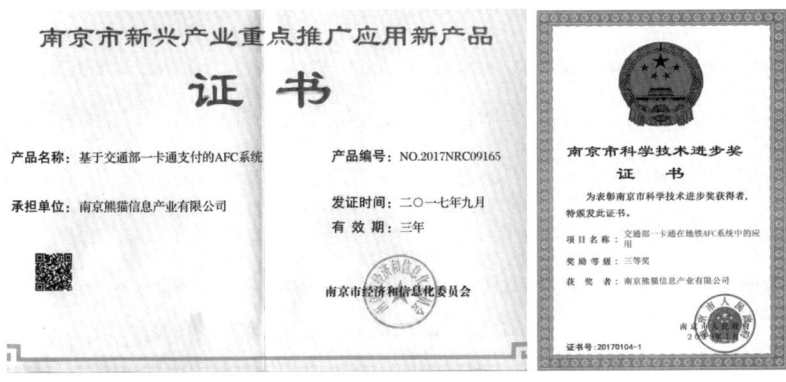

fig.11-2 一卡通支付设计认定证书

基于银联闪付的 AFC 系统

基于银联闪付（QuickPass）的 AFC 系统，将中国银联的闪付标准引进到地铁行业中应用，同时满足大众的不同支付方式。AFC 系统设备的读写器将 PBOC3.0 标准集成到读写器中，地铁 AFC 系统只要将支持 PBOC3.0 标准的读写器接入系统中，即可支持银联发行的票卡，方便广大群众选择不同支付方式。"熊猫"的此款产品通过了银行卡检测中心的 PBOC3.0 非接触 IC 卡支付终端的应用测试和通讯协议测试。

金融 IC 卡又称为芯片银行卡，是以芯片作为介质的银行卡，不仅具备普通银行卡的所有功能，还可以作为电子现金，通过挥卡"闪付"便可实现小额消费支付，也可以用于乘坐地铁。凡有"QuickPass 闪付"标识的银联卡，可以不输密码、不签名也不插卡，只需要在 POS 机上轻轻"挥一挥"便可以实现便捷支付。形象地说，"闪付"功能就是在银行卡内原有账户的基础上，附加一个虚拟的电子"小钱包"，从这个"小钱包"里拿钱出来支付。

2015 年，在无锡人民银行的牵头下，江苏银联、无锡地铁、熊猫信息各方多次磋商、对接洽谈，将金融"闪付"引入无锡地铁，期以金融 IC 卡为切入点实现在公共交通行业共享平台上的互联互通。在此之前，国内已有多个地铁城市成功实现了金融 IC 卡乘坐地铁功能，但是由于缺乏相关政策、无统一建议标准、未采用统一全国密钥、已发行的银行金融 IC 卡标准老旧等原因，各城市之间的金融 IC 卡不能实现互联互通。因此，金融"闪付"

引入无锡地铁，以上问题亟需解决。

熊猫信息与江苏银联就金融"闪付"技术方案多次沟通、讨论，无锡地铁金融"闪付"项目建设时采用PBOC3.0标准体系，明确细化完善了行业应用个性化文件，并采用统一标准的全国密钥体系，为后续金融"闪付"在全国实现互联互通打下基础，即全国无论哪个城市、无论哪家银行，只要使用该标准制卡，都能在无锡乘坐地铁。无锡的金融IC卡地铁应用对全国的所有地区和所有银行开放，但是带来的难点是需要重新发行符合PBOC3.0地铁应用的金融IC卡。

熊猫信息作为无锡地铁ACC及2号线AFC系统承建方，考虑到按照全国公共交通互联互通规范标准的要求实现，金融IC卡在无锡地铁的使用一定是困难重重，结合无锡地铁现状提出了"三步走"的改造框架构想：第一，在2016年上半年，在已经运营的1、2号线路上，实现部分闸道受理金融IC卡。此阶段的主要目标是以小规模开放的方式，来发现和解决受理金融IC卡交易中可能会出现的问题，不断优化技术、业务、服务等方面的流程，以达到全面开放的基本条件。第二，在2017年上半年，在1、2号线路上所有的闸道实现受理金融IC卡功能。第三，在未来新增加的线路上，受理金融IC卡作为一个标准的业务功能模块实现，不再通过二次改造的方式。

通过多次沟通，熊猫信息与无锡地铁于2015年正式就银联IC卡在无锡地铁的受理签订合作协议。经过半年多的升级与测试，2016年8月8日，无锡市金融IC卡地铁应用项目正式上线运行，全市有21家银行的苏芯卡（符合中国人民银行PBOC3.0规范且支持地铁行业应用的金融IC卡）通过测试可以发卡；无

fig.11-3　基于银联闪付的 AFC 系统应用证书

锡地铁集团已基本完成苏芯卡的受理环境改造，符合地铁 1、2 号线支持苏芯卡"闪付"乘坐运行条件。

无锡地铁金融 IC 卡地铁应用项目成功上线，这是国内首家采用 PBOC3.0 的全国统一密钥体系建设的基于银联闪付的 AFC 系统，在业内产生了很大的反响，为今后实现地铁跨地区跨机构受理打下了技术基础。这种不限地域、不限银行的发卡模式，值得在全国金融 IC 卡地铁应用中推广，在乘坐地铁时真正做到"一卡在手，刷遍神州"。

同年 12 月 26 日，在熊猫信息承建的合肥地铁 ACC 系统开通时，也同步实现了金融 IC 卡在合肥地铁中的受理（fig.11-3）。

尽管如此，金融 IC 卡"闪付"在给乘客带来便利性的同时，还是存在很多不足，如：没有统一的建设标准、已发金融 IC 卡不能用来乘坐地铁、金融 IC 卡没有明确的卡面标志、受理环境尚待完善等，严重制约了其继续发展。

2018 年 8 月，熊猫信息与安徽银联签订合作协议，共同开发合肥市地铁银联云闪付过闸业务。2018 年 12 月 12 日，银联闪付乘车业务在合肥地铁正式上线运营，乘客可以通过刷带有闪付标记的银联卡或手机 Pay 进出地铁站。该业务采用银联预授权小额支付免密、免签闪付技术实现，无需现场购票、充值，可满足全国上百家银行带有闪付标记的银联卡直接过闸，简单操作，便可快速完成支付。

基于云平台票务系统的研究与应用

随着计算机技术的发展和"互联网+"覆盖范围的延伸，云平台票务系统以计算机及信息传输网络为基础，采用非接触式IC卡作为车票信息载体，车站配备自动售票机、自动充值机、自动检票设备，可以实现售票、充值、检票、计费、收费、统计、结算全过程的自动化管理。AFC系统一般由清分系统、线路中央计算机系统、车站计算机系统、车站终端设备、传输通道和车票构成。

对于AFC线路中心来说，传统的基于UNIX小型机和关系型数据库的大数据处理系统正在向基于分布式处理（分布式并行计算、分布式数据库）的云计算解决方案过渡。基于云计算的分布式处理系统，其优势在于：采用PC集群及开源的分布式数据库，使得硬件投资大幅下降；采用分布式计算和分布式存储，使得系统性能大幅提升，具有高可靠性及良好的扩展性。

虚拟化服务器平台技术将AFC应用服务器统一部署在云平台上。应用服务器主要完成系统数据接口、数据传输、数据处理及其他系统管控工作，因数量较多，需求不定，将其统一部署在云平台上可做到配置灵活，易于扩展，便于维护管理，并实现系统的高可用功能。

基于以上需要，该项目建设一个由互联网、云计算、大数据等组成的基础设施平台，来满足AFC系统的传统清分功能，以及增加各种便捷的新型支付功能，得到了良好的运用。

无锡地铁在国内首创全线网二维码支付

随着"互联网+"的深入推广,移动支付已广泛使用于人们的日常生活中,尤其是以手机二维码支付技术为代表的新一代移动支付方式逐渐被认可并被引入自动售检票系统。

2016 年 9 月,在无锡地铁的要求下,无锡地铁与熊猫信息就二维码扫码过闸技术在无锡地铁的试点应用达成合作协议。该技术于 2017 年 3 月 15 日正式在无锡地铁公测。2017 年 5 月,无锡地铁智慧出行 APP"码上行"正式开放对外注册,无锡成为江苏省首个试水刷手机乘地铁的城市。无锡地铁采用银联二维码信用支付,可以先进站,出站时再支付。熊猫信息为这种全国首创的移动支付模式提供了技术保障。

在南京,不少人尝试过刷手机乘坐河西有轨电车,但有轨电车的票价是固定的,进站即刷掉 2 元。而无锡地铁的支付后台"数学"更好:你坐多少站刷多少钱,在地铁几条线之间接驳转车,都能给你算得一清二楚。经过了近 3 年的筹划研究,APP"码上行"由八维通设计研发,地铁 ACC、AFC 系统软、硬件改造都是由熊猫信息承担的。

乘客只需下载"码上行"APP,实名认证,在"我的钱包"中设置支付方式,选择扫码乘车,即可生成一个二维码,然后手握手机,将屏幕对着扫码头扫一扫,闸门即瞬间打开。这套系统具备复杂计算能力,最初生成二维码时,不会产生费用,当顾客完成完整的进出站行程后,后台会最终计算出乘客应支付的费用,推送至 APP 予以结算。熊猫信息承担了无锡地铁

ACC、AFC 系统改造方案制定、二维码交易流程制定、二维码加密校验方案制定、地铁相关线路闸机软硬件改造、ACC 系统软件改造等工作。

南京地铁开启无现金支付模式

为了切合行业发展趋势和满足乘客便捷出行的需求，熊猫信息于 2017 年 9 月底推出互联网购票机，并在南京地铁大行宫、南京站、南京南站试点。

网络售票机于 2017 年 5 月立项，由熊猫信息轨道二部研发，6 月设计完成，7 月样机试制，最后由机电仪技术公司负责生产。

乘客购票时手机通过地铁通信系统无线传输网会发送指令到支付宝，支付宝再把指令用地铁通信系统的信息传输网传到设备上，这其中存在大量网络数据扭转，所以在接入支付宝设计网关时，必须确保数据传输速度和网络安全，研发人员为此做了大量工作。此外，还要保证票卡发售、读卡器、扫码模组、打印机、电源等模块的协同合作。

网络售票机正面有大屏显示区、扫码区、凭条口、取票口和读卡区。从样机演示中可以看到，工作人员首先在人机交互界面选定目标站点，界面显示支付方式，选择确认后使用手机扫二维码完成支付，就能从取票口取票，如果需要购票凭条，点击打印即可。若购票者知道目标站点票价，则可以直接选择快捷支付。网络售票机操作起来简单快捷，具备手机二维码等

fig.11-4　南京地铁实现手机购票

移动支付业务功能，它的投入使用预示着由"熊猫"研制的无现金售票机将走进南京市民的生活，为市民乘坐地铁再增添一种购票方式（fig.11-4）。

在该产品设计方面，熊猫信息预留了两项功能：一是读卡区可读取车票、一卡通等相关信息，给用户提供查询功能；二是可预约购票，即在 APP 上提前购买车票，现场取票。这两项功能的相关技术均已完成，模块也已嵌入设备中，只待地铁方许可和支持就能开通。它与传统一卡通的内网支付方式有着本质区别。网络售票机的诞生标志着熊猫信息成功将"互联网+"引入轨道交通领域，为智慧城市的建设作出了新贡献。

熊猫信息在此项目中还储备了手机蓝牙过闸机、NFC 近场支付等全新的刷手机乘坐公共交通工具的技术，同时还在继续深入研究公交、地铁、公共自行车等公共交通工具之间接驳的计费、优惠清算系统。

2018年8月，熊猫信息中标南京地铁AFC系统移动支付升级项目。该项目是南京地铁为便捷市民出行而提出的，项目范围涵盖既有10条AFC已开通在运营线路，共计174座车站，属于在运营系统改造项目，施工难度高于新线建设。

熊猫信息从2017年4月开始准备，先后经历需求调研、标准编制、方案讨论、代码编写和测试等过程。当年10月7日正式启动。

在该项目实施过程中，熊猫信息完成了1套互联网票务系统、1套清分系统软件、3套ZLC系统、2套LC系统、8套SC系统、10套闸机软件、9套半自动软件的研发与改造工作；同时还要完成相关测试与部署工作。

熊猫信息项目组对本工程各项工作进行精细化分工，计划到天，责任到人。根据项目特点，设立了货物采购组、网络改造组、终端硬件改造组、研发与测试组、现场保障组等，充分调动公司各方面的资源。同时，熊猫信息项目组的全体成员与南京地铁运营公司的有关人员协调一致，共同配合，放弃周末休息，采用"5+2""白+黑"工作制度，加班加点，全力以赴，奋战73天，顺利完成任务。正式软件于2018年12月19日定版发布，20日开通试运营（fig.11-5）。

该项目是熊猫信息承建的第四个地铁移动支付改造项目。项目组对AFC系统业务模型进行重新设计，采用"双链路、双冗余"设计理念，对线网网络搭建方式进行重装升级，支付平台硬件架构采用"私有云架构＋传统SAN存储混合架构"设计，其科技含量更高，移动支付更安全、更快捷。它的成功上线是一个重要的突破，尤其是其中的互联网票务系统，是"熊猫"

*fig.*11-5　熊猫员工连夜进行支付改造

基于云平台发布的全新系统软件，意味着"熊猫"轨道交通产业新的转变。这是熊猫信息涉足互联网业务及大数据应用的新起点，显示了深厚的潜力和广阔的前景。熊猫信息基于移动支付过闸的 AFC 关键技术研究及应用的成果被江苏省住建厅评为 2019 年度科技创新成果二等奖。

创新系统架构模型

目前，国内地铁的 AFC/ACC 系统架构是根据功能进行划分，即通常讲的五层架构：第一层，以单程票、储值票为代表的票卡业务逻辑层；第二层，车站为乘客提供服务的终端设备层；第三层，为车站终端设备提供管理功能的车站计算机处理层；

第四层，以线路为单位，对线路进行管理的线路中央计算机系统层；第五层，负责整个线网的管理，以及各线路的清分结算功能。

随着网络通信技术的发展，各种便捷支付方式涌现，地铁工程项目市场对 AFC/ACC 系统的安全、实时、准确，提出越来越多的要求，熊猫信息在设计"互联网票务系统"项目的方案时，又提出了"五 + 三"融合架构模型，即在保留原有五层架构的基础上，增加实时性更强的三层补充架构模型，通过两种架构模型的互补，有效解决智慧城市背景下地铁互联网支付票务系统的需求和管理问题（fig.11-6）。

新的三层补充架构：第一层，以互联网票务为代表的电子车票、NFC 闪付卡、手机 Pay 为代表的处理单元，对实时性需要较高的虚拟类、实体类票卡进行规范；第二层，原有车站终端，直接为乘客提供售检票服务的设备，增加互联网票务的业务描述；第三层，互联网票务系统，与清分系统平级，主要功

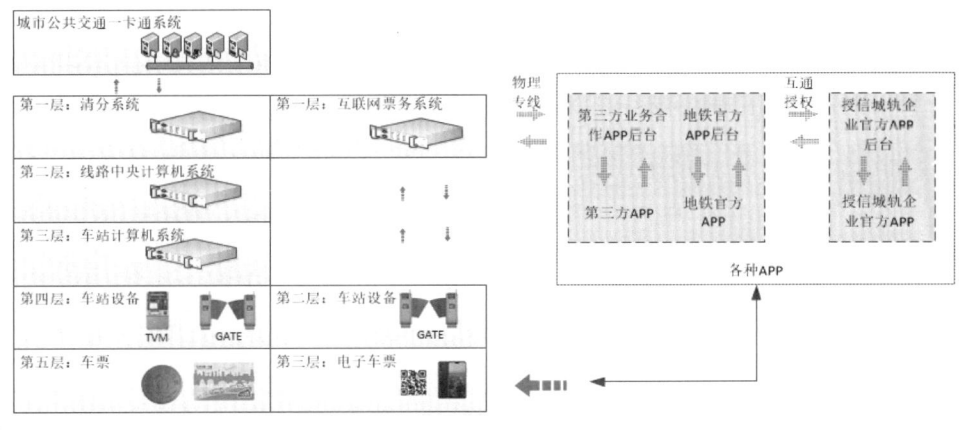

*fig.*11-6 "五 + 三"融合架构

能是统一城市轨道交通 AFC 系统内部互联网票务各种运行参数、收集终端设备中产生的实时交易数据，同时负责与第三方支付机构实时对接，进行行程推送及计扣等工作，规范了互联网实时数据交互模式下各种票务管理规定。

通过两种模型的互补，在满足地铁互联网业务对系统实时性要求的同时，又很好地保留了传统业务处理模型的管理需求，对于正线改造系统来讲，既能降低建设系统的改造难度，又最大限度地满足了运营公司现有的管理模式。

当下国内城市轨道交通的线网不断在扩大，城市之间也需互联互通，业务服务范围不断增大，客流量日益增多，传统 AFC 系统的数据处理中心对数据实时性已捉襟见肘，但对信息的处理正逐步趋向数据化、在线化、智能化、标准化发展。传统的系统架构已无法满足互联网场景下，系统的可靠性、安全性、扩展性、开放性、经济性、前瞻性等需求。该项目从需求角度出发，结合当下先进技术，采用"私有云 + 传统 SAN 存储"混合架构的设计理念，对南京地铁移动支付中心数据大脑进行创新设计，采用云计算技术构建互联网票务数据中心，即在传统关系数据模型基础上增加分布式数据处理模型，两者并存，共同解决互联网票务系统的各种业务需求，为银联闪付过闸、二维码过闸同时上线创造条件。

将互联网票务中的用户最终数据通过 SAN 储存模式存储到关系型数据库中，利用传统的对账清分模型与第三方支付系统、地铁清分系统进行对账，并对系统日常事务性进行管理。系统中实时性要求较高的业务由私有云分布式计算来完成，利用云计算 IaaS 技术对系统资源进行动态分配，利用云计算 PaaS 容器技术实现内存数据库 Redis 和消息队列 ActiveMQ 的集群处理，可以对 PC 服务器硬件资源进行集中共享，通过负载均衡实现多台计算机协同处理任务，有效降低了数据高并发模式下对硬件资源的需求，使得系统具有高可访问性、透明性、开放性和可扩展性。

该设计模型，是熊猫信息总结多年轨道交通 AFC 系统建设经验，结合对云计算技术的思考下形成的综合性产物，彰显了熊猫信息将科技转化为生产力的决心和能力。通过对系统首日的运营数据分析，充分证明了该技术的科学性及先进性。

熊猫信息一直在对移动支付技术进行探索，先后与无锡、成都、南京、合肥、苏州等城市进行深入技术交流，该应用平台成功上线，利用银联、苏宁、支付宝等多种支付方式，实现了现金、卡购票到二维码购票、直接刷码过闸的转换，进而到刷码、刷号、刷脸各种模式都已日趋成熟，意味着熊猫信息轨道交通业务的转变，这是熊猫信息涉足互联网业务及大数据应用的新起点，其前景十分广阔。

探讨下一代无感信用支付在轨道交通中的应用

随着智能手机制造技术的快速发展，功能日新月异，已经不仅用于移动通信，已经发展成为人们出门必带的可移动智能终端。由于智能手机具有电信级保密等级。基于银联闪付、二维码识别和"熊猫一号通 & 人脸识别"等感知技术的智慧城市新一代移动支付体系应用平台,通过多种方式识别,对使用者的身份二次验证。便捷的操作和支付方式,无论是在"智慧城市、智慧交通、智慧社区"等领域,还是在公安稽核、身份认证、移动支付、考勤、门禁等各行业的应用,都具有明显的优势。

"熊猫一号通 & 人脸识别"感知技术围绕对人、物的感知信息,支付信息、时空位置信息等核心数据,还可以实现对城市居民进行分类及人群管理,实现精准信息推送、社区精准帮扶,为国家实现精准扶贫提供参考,为运营平台更多的数据挖掘提供可能。

熊猫信息应用"熊猫一号通 & 人脸识别",已开发出通过人脸识别就能支付的智能云闸机是一款高通量快速识别闸机。其融合了人脸识别和移动支付技术,是通过熊猫信息自有技术的软、硬件开发及系统平台的架构,设计出的满足市场应用、技术领先的智能一体化闸机产品。

该闸机内置高分辨率人脸识别模组,可自动抓拍检测、裁剪、识别人脸照片,具有快速、方便、准确的人脸识别身份认证功能,支持 1∶1 或 1∶N 两种识别模式,可现场采集指纹、人脸信息与居民身份证芯片中的人脸和指纹特征进行 1∶1 比对,也可直接使用采集到的人脸信息离线或通过系统平台进行 1∶N 的人脸识别验证,验证正确后,开门通行,识别比对开闸速度≤600毫秒,可满足大流量下的快速通行要求,具有高安全、高保障性。并通过领先的人脸识别算法及移动支付、信用支付相结合的共同协作,构建出具有高性能指标的集移动支付手段为一体的闸机系统,可在智慧交通领域,实现按制定的费率自动扣费及清分结算的功能 (fig.11-7)。

人脸识别是人工智能的眼睛,"熊猫一号通 & 人脸识别"技术通过抓取各个人脸的特征信息,进行数字分析,与后台数据库信息对比判断。人脸识别技术和手机移动通信技术的研发与掌握,为人工智能领域中产品的研发与创新扫清了"谁是谁"的技术难关,为熊猫信息将来在人工智能领域的发展迈出了坚实的一步。

"熊猫一号通 & 人脸识别"技术研究为"5G+AI"在轨道交通中的应用奠定了良好的前景。熊猫信息面向轨道交通中无感信用支付的实际需

fig.11-7 人脸识别支付的智能云闸机

求,基于现代社会人手一部手机的基础条件,提出了"移动通信基站作为移动通信终端的接近感知设备""用手机号码缩小人脸识别比对库"等一系列方法并申请了 20 余项相关发明专利,形成了基于"熊猫一号通 & 人脸识别"技术的无感信用支付技术体系。

第 12 章
继续拼搏：为 AFC 智能化信息化再创辉煌

未来将会如何？熊猫人已有了自己的目标：努力使南京熊猫信息产业有限公司的支柱产业——AFC/ACC 系统和驰誉国内外的"熊猫"品牌永远站在科技的前沿、立于行业的前列。

如今，智能化信息化的发展是神速的、惊人的！它融入了社会的每个角落，进入了人们的日常生活。对于以信息产业为支柱产业的熊猫信息来说，这无疑是广阔的用武之地。熊猫信息在智慧化城市的建设中，看到了更多的商机和更高的要求，那就是，瞄准高新科技发展的前沿，使城市轨道交通 AFC/ACC 系统朝着更加智能化、信息化和人性化的方向发展。

高清视频监控系统的应用

城市轨道交通以其运量大、无污染、噪声低、节省城市宝贵的土地资源等优势逐渐成为未来城市交通发展的重点。但是，地铁处于地下封闭环境，人流量大，随着治安形势的日益复杂，地铁的安全问题已引起政府有关部门的高度关注。地铁视频监控系统原来设计目的是作为一种安全保障手段，对于维护地铁的运营秩序、保证乘客安全所起到的作用，已经越来越显示其重要性。

作为地铁通信系统的一个重要子系统，车站值班员、中心调度员可以根据视频监控图像合理地疏导客流；列车司机可以通过视频图像看到站台乘客是否完成上下车动作，保证乘客安全；警务人员可以根据与视频系统联动的视频分析系统，预先判断各种情况，阻止意外情况发生，也可在案件发生后，参考视频录像协助案件的侦破。

在轨道交通视频监控应用领域，数字化和网络化安防技术的应用日益广泛和深入，已是必然的发展趋势。再加上集成电路应用技术、软件技术、信息存储调用技术等监控技术的快速发展，网络视频监控高清化逐渐成为主流趋势。而一个全面的高清视频监控系统必须是一套整体解决方案，包含高清摄像机、高清球机、高清视频编码器设备、高清显示、存储系统、传输系统、管理平台等各个环节的产品。如何挖掘高清视频监控系统的功能潜力，将高清图像传输至 AFC 系统，满足系统对乘客的身份识别要求，通过移动支付方式，开发具有高通量、技术领先的智能一体化闸机，这是新的课题。

高清视频监控智能化集成平台决定了整个系统的性能表现和后续演进发展能力，一个功能完备、稳定可靠的集成平台对整个系统来说至关重要。地铁专网和公安视频监控系统共用前端摄像机，例如熊猫信息所承建的南京地铁 3 号线，共有 29 个车站，摄像机数量多达 2000 多台，控制权限划分异常复杂，同时需要满足地铁运营和公安监控需求。地铁运营具有优先控制权，公安的调看控制为最低权限。对优先级可扩展，不同调度员优先级可在控制中心通过软件调整，调整方式灵活快捷，所有云平台的优先级均可灵活设置。全网由图像摄取、图像显示及存储、车站控制处理、中心控制处理、视频信号传输、网管等部分组成。

为了方便运营维护，视频监控系统设置了网管系统，可对视频监控系统设备进行参数设置、编程及故障告警以及统一拓扑管理等综合管理。视频监控系统集成平台是视频监控系统整体解决方案的系统核心，主要负责对视频监控系统中包含的所有视频及数据设备的运行情况进行综合的监视和管理，对系统数据及配置作及时的修改。通过该集成平台可以有效地管理和控制各个监控点的图像信息，实现视频监控系统的统一管理、统一控制、统一存储和统一调度。

但客观来看，目前的市场上平台产品还很不成熟，也缺乏特别优秀的产品。从业主和运营人员的角度而言，对视频监控系统集成平台的期望高，但是真正实现功能较少，不能完全满足用户对更多功用的需求，传统监控平台存在的问题也日益凸显。在当前的形势下，如何开发更完整地满足用户需求，更专业化、人性化的视频监控智能化集成平台成为当务之急。

熊猫信息轨道交通一部在多年从事地铁通信工程的总包、集成经验，以及相关施工经验的基础上，对视频监控前沿技术进行跟踪和掌握，充分分析和理解用户的需求，开发了一个全新的适合用户使用的"城市轨道交通高清视频监控智能化集成平台"。

该集成平台是在网络视频监控系统应用端开发 SDK 基础上研发的一套应用软件，SDK 是基于熊猫信息网络视频监控平台开发的一套应用端发开接口，包含设备管理、监控业务实现（实时浏览、录像回放、录像检索）、存储管理等接口。该平台的推出，解决了传统的视频监控集成平台面临的当事件发生后进行调查取证时，难以快速、准确地在海量存储视频中搜寻相关事件信息的问题，不仅实现了对系统内的图像进行监视和控制，按照预先设置的优先控制权进行控制操作，对全网图像资源统一调度和管理，而且满足轨道交通快速发展和安防工作的需要，为用户提供方便和快捷的服务。

系统实现的主要功能包括实时视频播放、电子地图浏览、云台控制、录像查询和回放、数字矩阵、报警联动、轮巡、切片、图像拼接、设备管理、用户管理、权限管理、系统配置等，具有图像清晰、浏览便捷和录像回放便捷等特点，大幅度提高了地铁视频监控系统的效率和可靠性。

该平台在宁和城际 1 期工程中投入应用，并将在更多的城市轨道交通线路上一显身手。

二维码过闸技术标准化

在智慧城市建设的背景下，移动支付已从商品交易环节向公共交通领域迈进，这有助于推行公共交通出行的分担比率。熊猫信息一直在对移动支付技术进行探索，先后与无锡、成都、南京、合肥、苏州等城市进行深入的技术交流，并对移动支付关键技术进行试点验证，对二维码、NFC、蓝牙等技术均进行了不同的尝试。通过近两年的摸索，熊猫信息的二维码过闸技术逐渐趋向成熟。但已上线移动支付的各个城市，所采用的技术路线各有不同，如此复杂的情况，不利于行业健康有序地发展。

熊猫信息结合自身业务经验，联合行业中的其他厂商，将互联网票务系统核心理念向行业协会推广。南京地铁与熊猫信息密切配合，接受2018年底实现全线网的"两进两出"改造任务，尽快实现二维码、银联预授权等技术的移动支付过闸业务。从方案论证及选型确定到最后上线，不到10个月的时间。

与此同时，熊猫成功中标合肥3号线AFC项目、合肥银联联机预授权过闸项目，其中3号线AFC项目包括移动支付平台项目的建设。三个项目同期并进，对熊猫AFC是一个巨大的挑战：一是没有成功案例可借鉴；二是如何整合现有公司资源，组建一个高质量的研发团队，保证三个项目的同期开通。

通过多轮会议磋商，决定合肥银联联机预授权过闸项目采用传统架构模式，支持银联卡、手机Pay等移动设备闪付过闸。合肥地铁移动支付平台和南京地铁移动支付平台均采用云架构，不同的是，南京地铁移动支付平台采用PAAS+IAAS的架构设计，支持银联、苏宁、支付宝等APP二维码过闸；而合肥地铁移动支付平台仅采用IAAS的架构设计，支持地铁官方APP过闸。

三种平台的模式及不同厂家APP的接入，对设计者与开发者提出了严峻的考验，既要满足实际的架构与业务需求，又要满足工期及业主赋予的使命。这是熊猫信息AFC团队承担的第一个从AFC系统到ACC系统、再到移动支付与结算系统的完整互联网支付平台，从公司领导到团队的每一名成员都将这个项目视为熊猫信息业务与技术转型升级的新目标。

熊猫信息迅速组建团队，大胆启用新人，以一群刚从院校毕业的研究生为主体，组建敢于打硬仗的研发团队，参与技术研发与业务沟通。这群技术人员"初生牛犊不怕虎",敢想敢闯,敢拼敢干,在他们的共同努力下,很快就拿出了系统的整体架构及设计方案,包括老线路的网络改造方案、设备硬件改造方案、系统平台设计方案以及现场实施方案,过程中南京地铁、合肥地铁、中国银联等公司均给予了大力支持。

最终,从平台架构设计到现场实施改造均由熊猫信息承建完成。合肥银联联机预授权过闸项目于 2018 年 11 月底成功上线试运营。南京地铁、合肥地铁两个二维码过闸项目于 2018 年 12 月底成功上线试运营(fig.12-1)。

三个系统的陆续上线投入运营,从此改变了南京、合肥两地市民的出行方式。其中国内首创的联合发码模式的提出与实现,为地铁运营提供了一种新的商业及管理模式,并成功地被中国城市轨道交通协会接纳与推广。

通过努力,2018 年 8 月,由中国城市轨道交通协会发布《城市轨道交通新建互联网票务平台建设指南》。该指南重点阐述了二维码技术标准、互联互通接口、与 AFC 系统接口的建议等

fig.12-1 南京地铁扫描二维码过闸

内容，与熊猫信息项目设计规范不谋而合。

熊猫信息二维码过闸技术标准创新内容如下：

1. 自定义二维码过闸企业标准，采用"*行业数据＋用户数据*"混合编码方式，支持通用乘车码与进出站分离码两种业务模型。

2. 乘车码由地铁方与第三方共同发行，数据安全采用双向校验模式，既确保了数据安全，又让卡片发行方占有运营主动权。

3. 一套标准支持多家支付机构，使系统具有高扩展性，商业化能力更强，为未来城市间互联互通奠定了基础。

4. 通过模式创新，形成新的商业模式，为地铁提供了更先进的运营、管理理念。

2018 年 12 月 26 日，由熊猫信息承接的南京地铁全线网手机 APP 二维码过闸改造项目正式开通启用，乘客只需使用手机 APP 扫码，就可以顺利过闸进出车站（fig.12-2）。

*fig.*12-2　南京全线网手机 *APP* 二维码过闸改造项目团队部分人员

构建 AFC 业务云系统

熊猫信息认识到，建设智慧城市其中一项重要内容就是如何使城市轨道交通建设更加智能化、信息化和人性化，将智慧地铁融入智慧城市之中。

首先，建设线网化运营平台，线网规划与建设规划并重，统筹线路、线网规划和布局；各城市因地制宜，立足需求，抓住城轨网络化建设机遇，促进多制式协调发展；开展协调指挥、信息服务、数据管理等系统技术装备创新，支撑网络化发展。

其次，实现运营中心化，运营调度中心从线网 NOCC 调度、线路 OCC 调度到基层生产调度；应急指挥中心增添了跨线协调、决策辅助、多级应急；数据分析平台进行客流预测、能耗分析、预测维护；信息门户展示客流、生产、安全、宣传信息。

要做到以上两点，现有的城市轨道交通在信息化建设方面的一些弊端就必须解决，比如：信息孤岛严重、基础设施分散、网络资源浪费、安全管控偏弱、运维体系失衡、标准规范缺失、建管统筹乏力等。

经过研究，解决方案是实施"互联网+"战略，强力推进两化深度融合，以信息化带动轨道交通智能化，以轨道交通智能化促进信息化，为轨道交通行业的可持续、快速发展，提供强有力的信息技术支撑。这个方案就是云架构平台。熊猫信息对 AFC 业务云系统进行了设计，采取线网云平台和车站终端两层架构，线网云平台集中部署 ACC 和 MLC 业务，传统架构中 SC 层业务上移至 MLC（fig.12-3）。

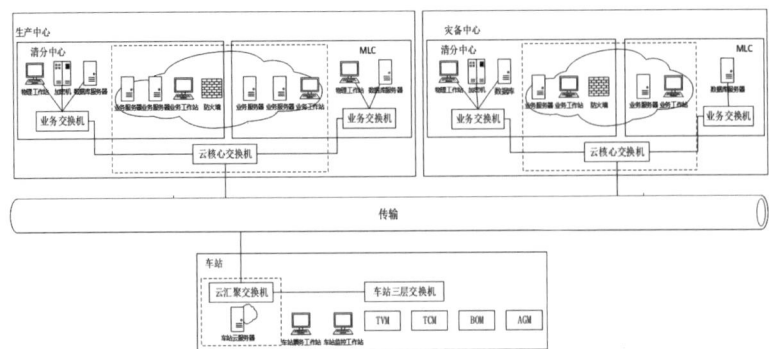

*fig.*12-3 AFC 业务云系统

熊猫信息建构的以云平台为核心的信息系统平台,为智慧城市轨道交通的发展打开了新的空间。

研发创立线网指挥中心系统

随着各城市地铁建设、运营线路的增加,网络化运营不断带来潜在需求,使得"线网级"概念的专业技术和系统应运而生,发展迅速。熊猫信息从事的 AFC 专业、通信专业,属于"线路级"的系统;ACC 专业是跨线路的"线网级"专业,但规模较小、功能单一。NCC 系统则是全线网运行的最顶层系统,横跨信号系统、综合监控系统、通信系统、自动售检票系统、FAS、BAS、PIS 等数个专业的"线网指挥中心",对数据库、数据存储等大数据处理技术、网络技术、信息技术均有很高的要求。

在确立以 NCC 系统为发展方向后,公司抽调技术人员,成立专业 NCC 技术小组,积极开展工作,与时间赛跑。在十个月的时间内，先后参观考察了北京、深圳、天津、成都等地的地铁管理系统，与业内的近50家专业公司组织了近百场技术交流会，形成了数百篇技术文件；向南京地铁、设计单位汇报阶段性工作成果；搭建南京地铁专有技术的NCC测试平台，并邀请南京地铁、设计单位等相关专业技术专家进行对平台进行验收、评估；在测试平台上，完成数十项测试报告。

2018年4月25日，南京地铁发出NCC项目招标公示。熊猫信息加班加点、积极组织备标，以完善的技术方案，最终力克群雄，7月，熊猫信息成功中标南京地铁7号线工程线网指挥中心系统（NCC）设备供货项目。这是熊猫信息首次承建的线网指挥中心（NCC）项目，标志着熊猫信息的轨道交通产业由传统的AFC系统、ACC系统和通信系统朝着基于大数据平台的NCC系统进行"多元化"发展迈出坚实的一步，拓展了新的产品门类，同时开启了南京地铁的"大数据"时代。

NCC系统是南京地铁线网运营调度体系的最高指挥机构，负责地铁线网运营监察、应急管理、统筹协调、信息管理、数据管理、资源调配的工作，协调指挥各区域控制中心及各相关单位，尤其是在涉及两个及以上控制中心所管辖线路发生应急情况时，实现运营内外部资源的统筹、协调和联动，提升应急突发事件的处置能力。熊猫信息按照NCC的调度指挥工作需求，贯彻"高度集中、统一指挥、逐级负责、分级响应、信息共享、协调动作"的原则，进行方案规划设计，致力于实现线网运营生产"安全、正点、高效"的目标。

项目团队充分引进、消化、吸收其他厂商的先进技术和理念，攻克了一个个技术难题，并且研发出一套具有自主知识产权的

"视频分析系统软件",目前该软件已申报发明专利。研发团队根据南京地铁运营的特定业务需求进行定制开发,依靠熊猫信息在轨道交通自动售检票系统、清分系统和通信系统方面的强大技术优势和技术储备,在 NCC 技术创新方面创造了多个国内第一,如"MPP+Hadoop"的融合架构、客流与行车数据的关联分析、应急处置的一键式联动、视频分析系统、三级仿真系统、2.5D 视图的监视与仿真平台等(fig.12-4)。

经过短短 11 个月的攻关克难,该项目于 2019 年 6 月 30 日投入试运营,其技术方案、系统性能指标均处于国内领先地位。目前,NCC 项目建设已列入全国多个城市的地铁发展项目中,也是智慧城市建设的重要组成部分,市场前景可期。南京地铁 NCC 项目的顺利完成,有助于提升熊猫信息的研发实力和技术水平,为公司开拓新市场新领域积累了宝贵经验。

中国是一个不断创造神话的国度,也是一个不断将神话变为现实的国度,几千年的中华文明史充分证明了这一点。

*fig.*12-4　南京地铁 7 号线工程线网指挥中心开通试运行通过验收

作为炎黄子孙的熊猫人，自然也继承了这种优秀的遗传基因。谁会想到十几年前，"熊猫"还是城市轨道交通AFC系统的门外汉？而引进国外AFC系统以后，从入门初学，到消化吸收，再到创新发展，一番摸爬滚打下来，熊猫人终于将引进的"他山之石"，琢成了中国化的"美玉"，创造出了真正属于自己的、融入了多项高新技术成果的全新AFC/ACC系统，获得多项自主知识产权和国家及省市的多种奖励，在国内十几个城市的地铁项目中夺标，并且都以良好的工程质量和技术优势赢得了业主的肯定和褒奖。

"熊猫"品牌的AFC/ACC产品畅销海内外，南京熊猫信息产业有限公司已经成为我国城市轨道交通AFC行业中的佼佼者。

但是，熊猫人并不满足于此，而只是把它作为一个新的起点。他们清醒地认识到，社会在不断进步，科技在快速发展，一些原本想象不到的高新科技成果不断地出现在人们面前，出现在现实生活中。作为一家高新科技企业，南京熊猫信息产业有限公司随时准备着接受社会发展、高新科技创新和行业竞争的挑战。

过去，熊猫人在众多的挑战中成功居多。而未来将会如何？熊猫人已有了自己的思路和目标：不断增强自主意识、危机意识和超前意识，随时关注社会的发展和需要，密切跟踪高新科技发展的动向和成果，振奋企业精神，创新发展模式，加强科研开发，锻造精干队伍，使南京熊猫信息产业有限公司的支柱产业——AFC/ACC系统和驰誉国内外的熊猫品牌永远站在科技的前沿，永远立于行业的前列，为智慧城市轨道交通的智能化信息化人性化再创辉煌！

附录一

南京熊猫 AFC 大事记

2001 年，熊猫产业大重组。由南京熊猫信息产业有限公司、计算中心、计算机公司、系统工程公司、培斯计算机公司组成熊猫信息产业集团，总经理周振宇，副总经理陈晓海、薛志兵，其中陈晓海负责 PC 生产，薛志兵负责系统集成工程项目。开始跟踪南京地铁工程建设中的通信、传输和 AFC 项目。

10 月，南京地铁工程建设公司发布弱电工程招标公示，可与外资公司组成 联合体参与工程招标。法国泰雷兹公司驻沪代表姚春玲来南京熊猫商谈组成联合体，共同参与南京地铁 AFC 的招标事宜。

2002 年，2 月，南京熊猫和法国泰雷兹双方达成合作意向。南京熊猫设立地铁项目办公室，朱立锋为熊猫集团公司总工，负责协调熊猫内部南京地铁有关项目事宜；薛志兵任熊猫地铁 AFC 项目经理兼总工程师。办公室设在信息产业集团，总经理王宏金、副总经理夏德传。AFC 系统的工程安装，关键设备的电器和软件部分由袁东和陆斌负责，钣金加工和设备装配分包给机电仪郭庆和莫继业负责。

3 月，在陈凤敏老师指导下，薛志兵、郭庆、袁东、陆斌、莫继业、魏轶群等去上海地铁站参观学习自动售检票系统。4—7 月，南京熊猫和法国泰雷兹准备联合体协议和前期合作协议，共同参与国内城市轨道交通 AFC 项目的招投标，海外 AFC 项目由熊猫负责关键设备的供应。为南京地铁 AFC 投标准备，法国泰雷兹专家来华对熊猫员工进行技术培训，介绍 TVM、Gate 等设备的生产制造技术和 AFC 系统软件功能及设计。南京地铁公司和南京熊猫多次组织人员去法国考察泰兹研发中心。

6 月 19 日，南京地铁 1 号线 AFC 标书正式发布。

7月9日，南京熊猫和法国泰雷兹正式签订联合体协议和前期合作协议。双方准备投标书。根据前期协议，法方向中方提供设备样机和技术资料。

2003年，3月18日，南京熊猫和法国泰雷兹联合体中标南京地铁1号线AFC项目。

4月，南京熊猫首台Gate下线，送法国检测合格，开始批量生产，出口台湾捷运线。

2004年，11月，南京熊猫首台TVM下线。

南京熊猫生产的AFC设备在南京1号线车站顺利安装。

根据地铁运行需求，研发ACC系统。

王宏金出任总经理。

2005年，5月，根据前期协议，南京熊猫和法国泰雷兹双方投资建立合资公司。

机电仪钣金加工分部并入信息产业。

9月3日，南京地铁1号线投入运营。

2007年，4月，南京熊猫中标南京地铁票务清算管理中心（ACC）1期工程总包项目，同年5月签订合同，项目于2009年12月建设完成。此项目为南京熊猫首个ACC项目。

10月，南京熊猫信息产业有限公司与南京泰雷兹熊猫交通系统有限公司 组成联合体，成功中标南京地铁2号线1期自动售检票（AFC）系统项目，同年11月签订合同，项目于2010年5月建设完成。

2008年，7月，夏德传出任总经理。

2011年，3月，南京熊猫中标武汉市轨道交通2号线1期、4号线工程AFC系统自动售票机、兑币机、补票机及辅助设备采购项目，自此南京熊猫AFC系统成功走出江苏。

6月，南京熊猫信息中标南京地铁奥体中心站至小行4站自动售检票系统拆解及改扩建工程项目，项目于 2013 年 4 月完工、开通运营。

7 月，南京熊猫信息中标无锡地铁清分系统采购项目，同年 10 月签订合同，项目于 2014 年 6 月建设完成。

12 月，南京熊猫中标苏州市轨道交通 2 号线工程自动售检票系统采购项目，次年 1 月签订合同，项目于 2013 年 12 月开通运营。

12 月，南京熊猫中标南京地铁 3 号线通信系统总承包项目，开始对无线移动通信和高清图像信号采集和数字处理技术在 AFC 系统中的应用，进行研究和实践。

2012 年，3 月，南京熊猫中标南京地铁 3 号线、10 号线工程自动售检票（AFC）系统供货和服务项目，同年 4 月签订合同。

7 月，南京熊猫中标无锡地铁 2 号线工程自动售检票（AFC）系统集成项目，同年 10 月签订合同，项目于 2014 年 12 月开通运营。

2013 年，1 月，南京熊猫中标南京宁天城际 1 期工程自动售检票系统采购项目，项目于 2014 年 8 月建设完成。

3 月，南京熊猫与浙大网新签订南京至高淳城际轨道南京南站至禄口机场段工程自动售检票（AFC）系统项目终端设备采购合同，提供整条线的自动售票机、自动检票机、半自动售票机、便携式验票机及相应运营辅助设备。

8 月，郭庆出任总经理。

2014 年，2 月，南京熊猫中标南京河西新城快速公交（1 号线）工程自动售检票系统项目。

4 月，南京熊猫中标苏州市轨道交通 4 号线及支线工程自动售检票系统采购项目，同年 6 月签订合同，项目于 2017 年 4 月建设完成。

5 月，南京熊猫中标南京地铁 4 号线 1 期工程自动售检票（AFC）系统供货和服务项目，同年 6 月签订合同，项目于 2017 年 1 月开通运营。

7月，南京地铁10号线开通运营。

8月，南京熊猫中标石家庄市城市轨道交通自动售检票系统清分中心（ACC）工程项目，同年10月签订合同，项目于2017年6月建设完成。

9月，南京熊猫中标合肥市轨道交通1号线1期、2期工程ACC系统集成项目及1、2号线读写器和票卡采购项目，同年11月签订合同，项目于2016年12月建设完成。

2015年，4月，南京地铁3号线开通运营。

7月，南京熊猫中标宁和城际轨道交通1期工程自动售检票系统项目，项目于2017年12月开通运营。

11月，南京熊猫中标合肥市轨道交通2号线自动售检票系统集成与安装项目，同年12月签订合同，项目于2017年9月开通运营。

2016年，4月，南京熊猫中标成都地铁7号线工程自动售检票系统招标项目，同年6月签订合同，项目于2017年12月开通运营。

8月，南京熊猫中标南京至高淳城际轨道禄口机场至溧水段工程自动售检票（AFC）项目，同年11月签订合同，项目于2018年5月开通运营。

2017年，3月，南京熊猫中标常州市轨道交通清分系统集成采购项目，于2019年9月开通运营。自此南京熊猫已承担5个城市的ACC系统建设。

5月，南京熊猫中标天津地铁1号线东延至国家会展中心项目自动售检票系统设备采购及服务项目。

10月，南京熊猫中标天津轨道交通9号线自动售检票系统改造工程设备及采购服务项目，于2018年6月开通运营。

2018年，7月，南京熊猫中标徐州市城市轨道交通2号线1期工程自动售检票（AFC）系统集成采购项目。

7月，南京熊猫中标成都轨道交通A标（5号线1期、2期；9号线1期；17号线1期；18号线1期、2期）自动售检票项目，其中5号线1期、2期于2019年12月开通运营，18号线1期于2020年9月27日开通运营。

8月，南京熊猫中标合肥市轨道交通3号线工程自动售检票系统集成与安装项目，于2019年12月开通运营。

9月，南京熊猫中标南京地铁AFC系统移动支付升级项目。

11月，南京熊猫中标常州市轨道交通2号线1期工程自动售检票（AFC）系统采购项目。

2019年，1月，南京熊猫中标徐州市城市轨道交通3号线1期工程自动售检票（AFC）系统集成采购项目。

6月，南京熊猫中标南京地铁7号线工程自动售检票系统（AFC）项目。

6月，南京熊猫中标南京地铁1号线北延工程自动售检票系统（AFC）项目。

12月，胡回春出任总经理。

2020年，4月，南京熊猫中标无锡地铁清分系统接口及支付平台工程项目。

4月，南京熊猫中标南通城市轨道交通1号线一期工程自动售检票系统集成采购项目。

4月，南京熊猫中标南京至宁句城际轨道交通工程自动售检票系统（AFC）项目。

附录二

熊猫信息产业概况

业务篇

一、智慧交通

针对城市交通对安全、便捷、高效、绿色的要求，熊猫信息致力于现代化城市智能交通的系统建设，可为城市智能交通提供从终端的交通状态感知、通行设备制造、传输网络建设、数据处理与分析到交通调度指挥及应急系统建设的全套解决方案。

1. 线网指挥中心系统

应急指挥系统、行车调度系统、线网监视系统、运营指标、能耗分析、客流预测、信息发布系统、运营仿真系统、地理信息、视频图像分析系统等。

2. 数据采集与处理系统

基于手机微基站／图像与人脸识别技术融合的数据采集系统、AFC 清分系统、车站系统、区域中央系统、视频监控采集系统等。

3. 基础平台

轨道交通自动售检票 AFC 系统、AFC/ACC 云平台、专用通信系统、公安通信系统、城市轨道交通高清视频监控智能化集成平台、TETRA/LTE 列车无线调度系统、LTE 车地无线综合承载平台。

4. 终端设备研发和制造

自动检票机、半自动售票机、自动售票机、互联网售票机、便携式检验票机、自助查询机、自助充值机、智能自助终端、智慧客服、硬币处理模块、票务流程内置读写器、票卡发售单元、票卡回收单元等。

二、智慧建筑

熊猫信息以建筑为平台，以计算机网络为核心，综合融入智能化、自动化、物联网、云计算等技术手段，将安全防范、消防报警、楼宇自控、综合布线、计算机网络、暖通空调、供配电等融为一体，通过整合与集成，创建更安全舒适、快速便捷、绿色节能环保的生活和工作环境。

1. 建筑智能化工程

基于对建筑智能化建设的准确理解和既往的成熟经验，熊猫信息可根据客户需求，为客户定制个性化的建筑智能化弱电系统的完整解决方案。

2. 计算机信息系统集成

熊猫信息可以为用户提供低成本、高效率、性能匀称、可扩充和可维护的系统集成解决方案。

3. 机电安装工程

熊猫信息在机电安装工程中，拥有专业的技术团队，以质量求生存、以信誉求发展，可承担工业和民用城市建筑项目的设备、线路、管道的安装，以及消防设施工程的施工。

三、智慧社区

熊猫信息利用"大、云、物、移、智"等新一代信息技术，研发智慧社区云平台、社区数据可视化系统、社区门禁管理系统、社区管理系统、社区安防系统、社区环境信息监测系统、社区停车管理系统等，构建智慧型社区，为居民提供更全面、更便捷、更开放的服务。以智慧社区为基本数据采集单元，为城市管理提供数据依据，助力智慧城市、平安城市、诚信社会的建设。

四、智慧城市运维服务平台

为客户提供更好的面向云计算的信息化运维服务，确保信息系统向用户延伸的使用感知，基于ITSS标准要求，不断完善公司运维服务体系。通过公司PIBMS运维平台，实现智能运维、提前预知、综合定位、远程诊断，以南京为中心，辐射全国，达到集中管理、分散监控、快速处理的服务流程，努力为客户提供更好的运维服务。

产品篇

一、系统软件

1. 清算管理中心系统介绍

熊猫清算管理中心系统（ACC 系统）是为解决各线路按照实际工作量进行收益分配的城市轨道交通信息化系统，负责生成及维护线网级的参数，监控全线网的终端设备，处理线路上传的用户数据，管理发行全线网的密钥与票卡，统计全线网的客流收益，并与第三方（如一卡通卡公司、移动支付平台）进行结算与审计。其主要功能包括参数管理、票务管理、数据管理、文件管理、密钥管理、权限及日志管理、报表管理、通信传输、票务平台、客流监视、收益清分、设备监控等。

熊猫 ACC 系统采用模块化功能设计，针对不同城市规模、不同业务场景进行个性化定制，在满足传统清分、结算功能的基础上，支持与第三方机构的审计、对账功能。熊猫 ACC 系统采用 B/S 和 C/S 架构混合架构模式设计，真正实现业务处理与用户数据的有效分离。其热插拔的设计特点，有效地降低了各功能模块的耦合度。

2. 区域控制中心系统介绍

熊猫区域控制中心系统（ZLC 系统）主要由数据管理、运营管理、日始日终、票务管理、收益管理、维护管理、参数管理、系统管理、运营分析等部分组成，通过软、硬件平台的搭建，为用户提供一系列完整的 ZLC 系统功能。

ZLC系统管理平台是AFC系统整体解决方案的系统核心，主要负责对设备（闸机、半自动售票机、自动售检票机等）的监控与控制，交易数据的生成、传输、结算与审计，以及AFC系统内部设备与软件的管理与控制。通过实时数据采集，实现AFC系统多线路的统一管理、统一控制、统一存储和统一调度。

ZLC系统既采用高可靠性集群（HA）技术，有效地保证了业务连续性，也通过虚拟的服务器集群（LVS）技术实现了服务器的负载均衡。从软件的设计角度来看，ZLC系统采用B/S设计架构，结合JAVA语言及其架构优势，有效地整合了JBOSS、HTML5、JSP、JavaScript、Spring、Hibernate、OSGI等框架技术，实现了前台界面与后台系统的有效分离。

ZLC系统是在线路中心（LC）基础上，结合多线路、车站区域的设计理念，实现线路中心统一、协调的管理模式，将多条线路的控制中心纳入同一个区域中心。在不改变基本AFC系统架构的前提下，实现了技术模式的切换。

3. 移动支付平台介绍

熊猫移动支付平台系统（MCPP系统）在保留原有AFC的五层架构体系不变的基础上，新增三层互联网支付系统架构（即移动票卡层、终端设备层及移动支付平台层），实现新支付方式（二维码、生物识别、银联闪付等）的业务处理。所有与新支付方式相关的业务处理均由移动支付平台来完成，由终端设备直接与移动支付平台进行数据交互。

MCPP系统采用全新的云架构模式，将私有云的IAAS层和PAAS层完美结合，利用高可靠、高可用、高并发的架构设计理念,保证系统 7×24h 不间断稳定运行。在硬件架构方面,满足横向扩展,并按照动态实时分配的原则有效地调节资源配置,为后期的在线扩容升级提供了有力的技术保障;在软件架构方面,采用容器的架构理念,实现应用程序无状态化运营,提供系统的稳定性。

MCPP 系统采用基于容器的架构设计,可分为前台 Web 容器系统、后台 OSGI 容器系统、PAAS 层中间件容器系统三大容器系统。Web 容器系统用于处理与第三方结算及通知的系统接口,保证支付、推送、密钥置换的正常通信,并为第三方支付平台提供用户注册等系统功能,同时为终端设备提供支付交互接口;后台 OSGI 容器系统采用热插拔的方式完成支付内部业务处理,包括心跳管理模块、内务处理模块、参数配置模块、内部结算模块等;PAAS 层中间件容器系统承担内存数据库集群及消息队列集群等业务,有效地保障数据的可靠性与及时性。

4. 票务平台系统介绍

熊猫票务平台系统(TPM 系统)由收益管理和票卡管理两部分组成。收益管理包括车站 TVM 收益管理、BOM 收益管理、车站备用金管理、车站收入日报管理和线路中心对车站的票务审核、TVM 差异分析、BOM 差异分析、银行长短款管理、银行解款日报等功能。票卡管理包括票卡生产计划管理、配收(中心和车站之间)计划管理、调拨(车站之间)计划管理、票卡出入库管理和公务卡管理(登记、生产、补办、挂失、解挂)等功能。

票务平台系统可以配置为 LC/ZLC 层级,完成线路级的收益和票卡管理功能，也可以配置为 ACC 层级，完成线网级所有线路的收益和票卡管理功能。

票务平台系统采用 B/S 设计架构，前台界面与后台系统既可依托于 LC/ZLC/ACC 系统，作为 LC/ZLC/ACC 系统的功能组成部分；也可作为独立的系统完成票务管理功能，与 ACC/LC/ZLC 之间通过接口方式实现数据交互。

二、终端设备

1. 自动售票机

自动售票机支持硬币、纸币和储值卡购票，可发售筹码类和卡式单程票，支持前开门、后开门以及前后混合开门方式，兼容市面上所有核心模块，同类模块可实现互换。产品已通过国家 CCC 认证和江苏省计量科学研究院的第三方检测(fig.13-1)。

2. 互联网售票机

互联网售票机支持现金购票、储值卡购票、手机二维码支付购票、语音购票，可发售筹码类和卡式单程票。产品已通过了国家 CCC 认证和江苏省计量科学研究院的第三方检测（fig.13-2）。

3. 自动检票机

自动检票机支持筹码式单程票、薄卡式单程票以及储值卡等实体票卡刷卡过闸，支持剪式门、摆门等门体形式。产品已通过江苏省计量科学研究院的第三方检测（fig.13-3）。

*fig.*13-1　自动售票机

*fig.*13-2　互联网售票机

*fig.*13-3　自动检票机

4. 移动支付闸机 & 智能闸机

闸机支持传统单程票、手机二维码支付、手机 NFC、银联闪付卡和生物识别过闸，支持剪式门、摆门等门体形式（fig.13-4）。

5. 查询机

查询机可以显示查询车票信息、票务服务信息，包括购票指南、票价表、运营时间等，可接收中央系统的实时监控，实现内容实时更新（fig.13-5）。

*fig.*13-4　移动支付闸机 & 智能闸机

fig.13-5　查询机

6. 便携式检验票机

便携式检验票机是用来检验非接触式票卡有效性的设备，能通过读写器对车票进行验票、检票、分析、更新及小额扣费。根据需求，便携式检验票机可以实现应用系统与市民卡、轨道交通专用票卡之间的查询和检验票等功能，并为相关城市互通卡保留了扩展接口。该产品已通过江苏省计量科学研究院的第三方检测（fig.13-6）。

7. TETRA 制式数字集群终端

熊猫牌 TETRA 无线车载电台是轨道交通专用 800M 频段的无线车载移动终端产品。产品已通过江苏省计量科学研究院的第三方检测（fig.13-7）。

8. TD-LTE 制式宽带集群终端

熊猫牌 LTE 无线车载电台是轨道交通 1800M 频段的符合

fig.13-6 便携式检验票机

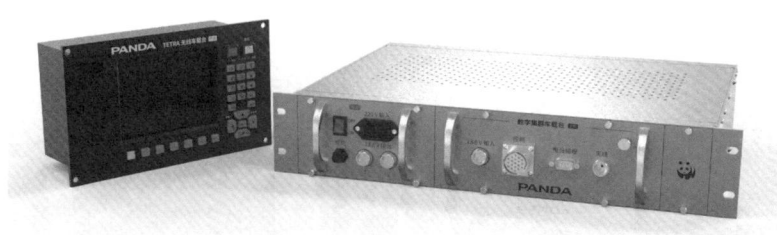

fig.13-7 TETRA 制式数字集群终端

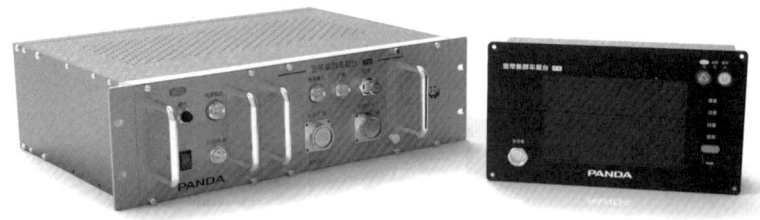

fig.13-8　TETRA 制式数字集群终端

B-truc 标准的多媒体无线移动终端产品。产品已通过南京市质量监督院的第三方检测（fig.13-8）。

三、关键核心模块

1. 读写器

国内首款将所有票务流程内置的轨道交通专用读写器。它可用于轨道交通自动售检票系统中的自动售票机、自动充值机、自动检票机、半自动售票机、票卡编码分拣机等设备中非接触式 IC 卡轨道交通读写器领域。通过实现核心业务的固化，便于不同线路、不同自动售检票系统的供应商保持核心业务处理的一致性，保证轨道交通技术规范的严格执行。该产品已通过银行卡检测中心 PBOC3.0 检测（fig.13-9）。

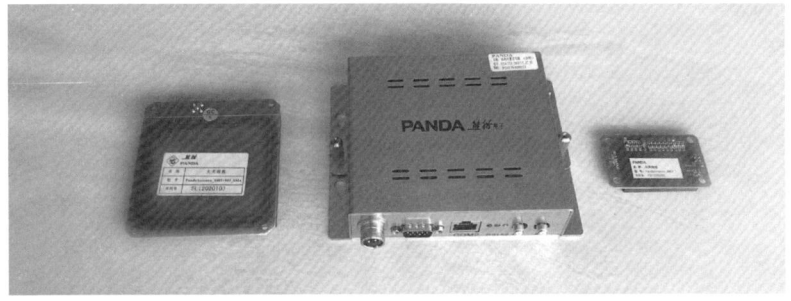

fig.13-9　读写器

2. 单程票发售模块

单程票发售模块采用加票方式设计,设有两个出票通道,具有独立清空功能,通道之间可任意切换。模块设计紧凑,体积小,便于维护。

控制板集 CST 发售模块和 SMA 回收模块硬件功能于一体,指令、通信规则设计合理,实现控制板的硬件兼容,支持在线固件升级(fig.13-10)。

3. 硬币处理模块

熊猫与日本高见泽合作研发的硬币处理模块识别率高、处理速度快,支持多枚投入。采用高速皮带传输找零,大大缩减了投币口到出币口之间的距离,便于 TVM 整机的人体工程学设计。该产品已在南京、苏州和无锡等市的地铁 AFC 系统项目上成功运营,在南京地铁 2 号线已稳定运营 10 年(fig.13-11)。

*fig.*13-10 单程票发售模块

*fig.*13-11 硬币处理模块

2018年10月，熊猫信息着手研制具有双面图像识别技术的新型硬币处理模块，可完美地解决假币识别问题。该模块已完成设计定型和批量生产，于2020年投入使用。

人才篇

南京熊猫信息产业有限公司拥有国家行业资质的员工数量：

一级建造师33名	资料员21名
注册电气师3名	机械员7名
注册造价师2名	施工员30名
二级建造师15名	材料员17名
C级安全证40名	项目经理22名
质量师19名	高级项目经理16名

资质篇

南京熊猫信息产业公司是全球知名的智慧交通系统解决方案、设备及核心模块提供商，国内领先的智能建筑系统集成商、产城融合的智慧生态城市方案提供商，全方位覆盖智慧交通、智能建筑、平安城市、智慧广电、智慧家居/社区等产业领域（表4）。

表4 熊猫信息主要资质证书

序号	资质名称	发证单位
1	CMMI 3 证书	CMMI 研究院
2	高新技术企业证书	江苏省科学技术厅
3	质量管理体系认证证书	北京赛西认证有限责任公司
4	职业健康安全管理体系认证证书	北京赛西认证有限责任公司
5	环境管理体系认证证书	北京赛西认证有限责任公司
6	信息安全管理体系认证证书	北京赛西认证有限责任公司
7	IT 服务管理体系正式	北京赛西认证有限责任公司
8	信息系统集成及服务资质证书（壹级）	中国电子信息行业联合会
9	知识产权管理体系认证证书	中规（北京）认证有限公司
10	江苏省企业研发管理体系贯标合格单位证书	江苏省企业研发机构促进会
11	信息技术服务运行维护标准符合性证书（二级）	中国电子工业标准化技术协会
12	企业资信等级证书（AAA）	联合信用管理有限公司江苏分公司
13	安全生产许可证	江苏省住房和城乡建设厅
14	建筑智能化系统设计专项甲级	中华人民共和国住房和城乡建设部
15	安防工程企业设计施工维护能力证书（壹级）	中国安全防范产品行业协会
16	声频工程企业综合技术等级（壹级）	中国电子学会声频工程分会
17	电子与智能化工程专业承包一级	江苏省住房和城乡建设厅
18	建筑机电安装工程专业承包一级	江苏省住房和城乡建设厅
19	消防设施工程专业承包二级	江苏省住房和城乡建设厅

附录三

AFC 行业术语和缩略语

术语

自动售检票系统 基于计算机、通信、网络控制等技术，实现城市轨道交通售票、检票、计费、收费、统计、清算等管理全过程自动化的系统。简称 AFC 系统。

票务清分系统 用于发行和管理城市轨道交通车票，对线网内不同线路的票、款进行结算和清算，并具有与城市轨道交通线网内乘用消费的其他付费卡进行清算功能的系统。

中央计算机系统 用于监控和管理城市轨道交通单线路或多线路自动售检票系统的计算机系统。

车站计算机系统 用于车站级票务处理、运行管理和客流统计的计算机系统。

车站终端设备 安装在城市轨道交通线路各车站，进行车票发售、进站检票、出站检票、充值、验票分析等交易处理的设备。

自动售票机 用于自主发售、赋值有效车票，具备自动处理支付和找零功能的设备。

半自动售票机 用于人工辅助发售、赋值有效车票，具备补票、退票、查询、更新等票务处理功能的设备。

自动充值机 用于对储值卡进行自助充值，并具有查验交易和余额等信息功能的设备。

自动检票机 对车票进行检验和处理，并放行或阻挡乘客出入付费区的设备。

单程票 在限定时间内一次性使用的车票。

储值卡 具有储值功能，可重复充值使用的车票。

进站 从非付费区到付费区通过的行为。

出站 从付费区到非付费区通过的行为。

付费区 在车站内进站检票机与出站检票机及护栏之间的封闭区域，包括运营的列车车厢内区域。

非付费区 付费区以外的区域。

缩略语

数据中心 IDC（Internet Data Center）

票务清算管理中心 ACC（AFC Clearing Center）

线路中心 LC（Line Center）

区域控制中心 ZLC（Zone Line Center）

线路计算机工作站 LCWS（Line Computer Work Station）

多线路中心计算机系统 MLC（Multi-line Central Computer System）

车站计算机系统 SC（Station Computer System）

车站计算机工作站 SCWS（Station Computer Work Station）

票务处理 TP（Tickets Process）

票卡处理单元 TPU（Ticket Processing Unit）

自动售票机 TVM（Ticket Vending Machine）

半自动售票机 POST（Point of Sale Terminal），亦称 BOM（Booking Office Machine）

闸机 AGM（Automatic Gate Machine），简称 Gate

政府和社会资本合作 PPP（Public-Private-Partnership）

项目管理办公室、项目管埋中心或项目管理部 PMO（Project Management Office）

近场通信 NFC（Near Field Communication）

图书在版编目（CIP）数据

引石琢玉：南京熊猫 AFC 创新发展纪实 / 薛志兵，
韩松，何民胜著 . -- 上海：同济大学出版社，2020.10
 （中国轨道交通 AFC 行业里的追梦者）
 ISBN 978-7-5608-9239-9

Ⅰ.①引… Ⅱ.①薛…②韩…③何… Ⅲ.①电子工
业 – 企业集团 – 企业发展 – 概况 – 中国 Ⅳ.① F426.63

中国版本图书馆 CIP 数据核字 (2020) 第 063781 号

引石琢玉：南京熊猫 AFC 创新发展纪实
薛志兵　韩松　何民胜　著

出 品 人	华春荣
统　　筹	闻鼎传媒
责任编辑　张　翠　　责任校对　徐春莲　　装帧设计　张　微	
出版发行	同济大学出版社 www.tongjipress.com.cn
	（地址：上海市四平路 1239 号　邮编：200092　电话：021–65985622）
经　　销	全国新华书店
印　　刷	上海安枫印务有限公司
开　　本	710mm×960mm　1/16
印　　张	13.5
字　　数	270 000
版　　次	2020 年 10 月第 1 版　2020 年 10 月第 1 次印刷
书　　号	ISBN 978-7-5608-9239-9
定　　价	78.00 元

本书若有印装问题，请向本社发行部调换
版权所有　侵权必究